Histoires pour A(r)mar l'histoire

Tome II

Ramsès Ancyre

Avec la collaboration de

Joaquín Berruecos

(Photo de couverture et arrière-plan de couverture arrière)

Dragon en cuir. Elle représente un soldat réaliste de la Nouvelle-Espagne à la fin du XVIIIe siècle.

Autoportrait de José Luis Rodríguez Alconedo, indépendantiste mexicain

Contenu

Machine Translated by Google

Présentation de l'auteur au tome II

Le deuxième tome de la série Histoires s'arrêtent A(r)mar History comprend de nouveaux articles de la section C, dédié au Mexique colonial, dans le but de formuler une nouveau départ pour étayer mon hypothèse d'auteur qu'à Au moins depuis 1521, avec la chute de Tenochtitlán, aurait née une nouvelle race sur la planète, la race latino-américaine.

En tant que journaliste, je préviens une fois d'éviter décevoir les puristes tout en attirant les autres lecteurs, que je n'ai pas réussi à me débarrasser de l'obsession de appliquer les faits de l'histoire à la compréhension de notre présent dans le premier quart du 21e siècle.

Ainsi, je ne voulais pas éviter les considérations de caractère politique, telle que la théorie marxiste de la violence, expliqué dans l' Accumulation initiale du patrimoine, s'applique parfaitement dans des situations telles que la fraude électorale Mexique.

Ce deuxième volume de nos « Histoires… », tente également de synthétiser certains courants politiques et approches idéologiques, à l'analyse de l'histoire dans les siècles XIX et XX.

Il n'est pas prévu que ce livre, ni celui qui le précède, et celui qui suivra probablement, sont lus dans l'ordre. chaque objet et le livre de référence est destiné à être compris individuellement pour que chaque lecteur décide Quelles histoires utilisez-vous pour former et construire les vôtres Histoire.

C'est pourquoi de nouvelles rubriques sont proposées.

Le F comprend des ouvrages sur l'Amérique latine, ses révolutions, idées philosophiques et indépendance ; le G versa sur la première partie du Capital, de Karl Marx, en essayant de le rendre compréhensible et pratique pour les lecteurs de notre époque, sans l'idéologiser mais en essayant de la comprendre comme méthode d'explication de l'évolution de l'histoire.

Dans cette même section, nous considérerons d'autres auteurs classiques et de manière très synthétique nous essaierons de connaître leur idées, qui étaient aussi les plus influentes au monde moderne à cause de nos distorsions eurocentriques, mais que nous essayons de nous différencier et de nous démarquer créé par des penseurs latino-américains.

ARTICLE C.

Mexique et Amérique, scène coloniale

Antécédents à la conformation d'un nouveau Monde

Encyclopédie des connaissances fondamentales. Histoire. Géographie. Tome 3, « 2.3 La couronne de Castille et la construction du premier État moderne », pp. 106-120.

Avant la rencontre intercontinentale parrainée par le Couronne de Castille, renforcée par le mariage de Los Reyes Católicos, les territoires qui devaient être intégrés dans le royaume d'Espagne avait deux problèmes principaux, le présence des Maures à Grenade et l'abondance de bandits de grand chemin.

Tels étaient les défis auxquels le couple était confronté monarques et dont la résolution est née, premier institutions, et plus tard l'un des premiers États moderne.

Pour résoudre le problème de la l'insécurité sur les routes et de garantir la la stabilité du gouvernement dans les villes, la Les Rois Catholiques ont utilisé deux puissants institutions : la Sainte Fraternité et la corregidores. Le premier était une organisation composé de nobles qui s'occupaient marcher sur les routes et combattre les bandits et voleurs.

Parmi les premières institutions fondées par les rois comprennent les tribunaux de Tolède et l'Inquisition suprême, la d'abord dans le but d'organiser le gouvernement et deuxièmement d'imposer les règles de la religion et "l'accomplissement de la foi"

Si le pouvoir des rois était justifié dans la volonté de Dieu, il n'était pas étrange alors que la puissance de l'église, de sorte que cela à son tour a renforcé la puissance de gouvernement. L'inquisition, dont la force centrale avait été jusqu'alors en Castille, étendait ses tentacules et racines profondes en Aragon.

Au Moyen Âge, la promotion sociale est obtenue généralement par les services militaires. Le pouvoir va elle s'accrut avec les faits d'armes ; mais pour pouvoir pour gouverner ce qui a déjà été conquis, il fallait des administrateurs et les connaissances nécessaires ont été acquises dans universités, d'où l'un des grands mérites de la Reyes Católicos aurait été de décider d'utiliser comme bureaucrates à ceux qui ont manifesté :

> ...ont étudié dans les studios de n'importe quelle université de ces nos royaumes ou de l'extérieur d'eux et résidait en eux pour étudier canon ou droit civil au moins pour l'espace de 10 ans (Nouvelle compilation des Lois de Espagne 1566)

1492

Selon la façon dont vous le regardez, 1492 a peut-être été l'année du début de la grandeur de l'État espagnol ou celle du plus grand tragédie pour la civilisation et la ségrégation raciale. Dans ce La même année, non seulement Christophe Colomb a tracé les routes navales qui ferait communiquer deux continents, mais plutôt que le Juifs d'Espagne et leurs contributions à la science et médecine, en plus du fait que lorsque vous conquérez Grenade, vous perdez le dernier bastion arabe, une ville à laquelle le sauvetage de les grandes contributions occidentales aux mathématiques, les la philosophie et la politique, entre autres disciplines, qu'ils avaient sauvé de la culture grecque et latine.

L'empire espagnol peut lancer la mondialisation, le trafic planétaire de marchandises et le capitalisme, mais la concentration du pouvoir aurait pu amener en même temps la perte de cultures diverses. De toute façon, alors à partir de 1492 d'autres institutions sont créées qui renforcent la couronne impérial, le Conseil d'Aragon (1494) le Conseil des Ordres Militaires (1495) le Conseil des Indes (1524) le Conseil d'Etat (1521), celui du Trésor (1523) puis le Conseils de guerre : d'Italie (1555). Du Portugal (1582) et de Flandre (1588). La simple énumération des noms donne idée de l'espace géographique que l'empire espagnol, devenu alors, pour son extension, la plus grande de l'histoire.

En sa faveur, l'encyclopédie dit :

> La Couronne a fait de grands efforts, la les universités et les étudiants universitaires ont augmenté comme jamais auparavant et comme très probablement on ne le reverra qu'au XXe siècle. La institutions gouvernementales et judiciaires multiplié, mais l'empire avait un géographie illimitée.

Notes pour une thèse sur la caractérisation du criollismo

Solange Alberro, Du gachupin au criollo. Ou comment les Espagnols au Mexique ont cessé d'être, "Chapitre II. Hommes et circonstances », pp. 55-88.

Caractérisés dans les premières années de la colonie comme paresseux, joueurs, fêtards et alcooliques, et ces dernières années comme les promoteurs indiscutables de l'Indépendance, les criollos méritent une étude particulière dans l'histoire, car on pourrait bien dire qu'ils représentent une nouvelle race. , celle qu'on pourrait appeler latino-américaine, ou encore plus spécifiquement mexicaine.

Vicente Riva Palacio dit dans son Recueil général du Mexique à travers les siècles :

> Depuis que l'Espagne a colonisé la Nouvelle Le Monde y jeta aussi les germes d'une société nouvelle : le mélange des conquérants et des vaincus devait produire une autre race également différente de l'Espagnol et de l'Indien.

Et ensuite:

> « À première vue, on pouvait découvrir trois groupes d'hommes différents dont les intérêts, les besoins et les aspirations devaient être, et étaient en effet, divers, et cette divergence, la disharmonie dans son ensemble, produisait des ombres.

> désagréable, peut-être sinistre (...) Les Espagnols nets se distinguaient en premier lieu (...) Les Créoles formaient le deuxième groupe : mélange d'Indiens et d'Européens, ils accédaient à une éducation égale ou similaire à celle des Espagnols , avec qui ils avaient une plus grande affinité pour la raison du sang, de la langue et des coutumes mais à de rares exceptions près, loin des fonctions publiques ; sans représentation significative au gouvernement jusqu'à récemment lorsque la constitution est venue accorder certains droits politiques (...) Le troisième groupe formait les anciens aborigènes, les Indiens des races primitives..."

Le livre de Solange met en évidence la quantification : Espagnols, péninsulaires ou créoles, 0,5 % de la population totale du pays en 1570, 10 % au XVIIe siècle et 20 % à la fin du XVIIIe siècle, soit quelque 80 ans après la consommation de les guerres d'indépendance.

Si l'on considère qu'à ce moment-là, 20 % de la population possédaient l'essentiel de la richesse, nous pourrions avoir des indices sur la raison pour laquelle les guerres de la révolution ont eu lieu, où un créole, fils d'une femme indigène et père probablement aussi d'un Créole, se démarquera également. , Porfirio Diaz.

Mais revenant au texte Del Gachupín al criollo , sa situation géographique au centre de la Nouvelle-Espagne :

> Relativement nombreux, quoique largement minoritaires dans les villes des hautes terres, notamment Puebla et Mexico, ils le sont encore dans les régions agricoles qui alimentent les centres vitaux de la vice-royauté. – Comme la vallée de Puebla et la région de Bajío - devenant bientôt rares à environ 250 kilomètres de la capitale et

exceptionnel sur les côtes et aux confins du Nord et du Amérique centrale

Ce que dit l'auteur sur le nombre d'Espagnols qui ont perdu leur culture lorsqu'ils se sont séparés et sont devenus des voyageurs, certains parce qu'ils sont devenus des vagabonds, des frères qui ont abandonné leurs habits ou des soldats, mérite une attention particulière. Peut-être qu'à eux deux, à la recherche d'un nouveau métier, sont-ils devenus commerçants ou chez les aventuriers.

En tout cas, la géographie a dû contribuer à de nouveaux comportements, celui de l'Amérique, prodigue en ressources naturelles et donc en nourriture plus accessible, offrait une vie plus détendue contrairement à celle européenne qui nécessitait des économies pour les périodes de mauvaises récoltes et pour les contrastes climatiques .

Il n'est donc pas surprenant que ces créoles aient été qualifiés de paresseux ou de dissolus, contrairement à leurs ancêtres zélés et économes, ce qui n'est pas la faute des premiers ni la vertu des seconds, mais comme Solange Alberro le dit lui-même, c'est des hommes et des conditions

Précisément dans le chapitre Los Hombres y las Circunstancia, citant l' Epistolario de Nueva España et Francisco del Paso y Troncoso, on nous présente une image qui, à la lumière de la plupart de l'historiographie connue, est presque improbable que ce soit celle de la gouverneur de Guaxocingo, (Puebla en el Siglo XXI) qui amène un garçon espagnol de huit ans comme page.

Cela confirme que les stéréotypes ne sont pas nécessairement fidèles et cohérents avec la réalité, comme

C'est arrivé avec deux créoles accusés d'être paresseux et de faire la fête. L'un d'eux a finalement construit la "Casa de Azulejos" qui a persisté pendant des siècles dans ce qui était plus tard Eje Central y Madero, dans le centre historique de Mexico, et un autre a été canonisé sous le nom de San Felipe de Jesús.

La racine juive de la race latino-américaine

Créoles non, métis peut-être, mais l'essence de la race latino-américaine n'est pas seulement dans les Espagnols, pas seulement dans les groupes ethniques préhispaniques, mais dans un plus grand mélange d'origines. La population d'origine noire est considérée comme la troisième racine. La couleur de peau de Vicente Guerrero et de José María Morelos le confirme, mais il existe une autre racine encore plus ancienne, la juive, qui va de Luis de Carvajal, le premier écrivain littéraire juif de Nouvelle-Espagne, à Justo Sierra Méndez, fondateur du National Université, passant par Juliantla, à l'origine Judiantla dans l'État de Guerrero.

Vu sous cet angle, le Juif serait bien la troisième racine de la nouvelle race mexicaine, et le Noir, la quatrième, puisque les Africains sont arrivés en masse plus tard.

Une fois ce précédent chronologique établi, peu importe le numéro ordinal qui lui est attribué, puisque plus de cinq siècles après la soi-disant rencontre des mondes, le mélange des sangs est si homogène que, comme en mathématiques, l'ordre des facteurs ne modifie pas le produit.

En fin de compte, il n'y a qu'une seule race, la race humaine, et jusqu'à ce que l'archéologie prouve le contraire, la génétique indique que Moïse, Ramsès et le prince maya Canek avaient la même arrière-arrière-grand-mère, quelqu'un comme Lucy, une plutôt bipède poilu qui vivait près de l'Éthiopie il y a plusieurs millions d'années.

(Une parenthèse, Lucy s'appelle ainsi, car les Beatles étaient le groupe préféré des archéologues qui découverte vers 1974, et la chanson dédiée au LSD, Lucy in the Sky with Diamonds, était l'une de ses préférées)

Au-delà des différences de quantité de mélanine, qui rend notre teint plus clair ou plus foncé, la distance génétique entre le Dr Bashar Al Assad, le dirigeant syrien, et le Premier ministre israélien Benjamin Netanyahu, n'est que de 0,01 %.

Alors pourquoi s'embêter à découvrir ne serait-ce que la racine juive de la race mexicaine ou même au-delà, la race latino-américaine ?

Eh bien, parce que la culture est ce qui différencie l'homme des autres espèces animales. Si l'on passe aux codes génétiques, tous les êtres vivants sont le produit de liaisons carbone et hydrogène et la différence entre le code génétique d'une banane et celui d'un sage serait peut-être de quatre pour cent. C'est pourquoi nous pouvons nous nourrir avec des glucides.

Pourtant, l'étude des races, comme le dit avec raison le spécialiste de la génétique des populations à l'Université de l'UTAH, Alan Rogers, est utile pour connaître les origines et les migrations de notre espèce.

Au-delà de la qualification de morale « judéo-chrétienne », un mélange de sang indigène, espagnol, juif et noir coule dans nos veines mexicaines.

Si le génome humain est constitué de quelque trois milliards de bases, ces 99,9 % qui nous distinguent, nous les Latino-Américains, des aborigènes australiens ou des tribus amazoniennes - pour ne citer que les probablement plus pure d'un point de vue génétique - peut-être 30 millions de sous-unités nous en séparent et qu'en pensez-vous ? Il y aurait sûrement dans ceux-ci des bases génétiques juives, préhispaniques, espagnoles, noires et dans de nombreux cas sûrement même arabes, équitablement réparties.

C'était la faute d'Elizabeth

Dans cette hypothèse ou ligne de pensée, la raison ou l'explication que les Juifs ont été forcés de faire partie de la genèse de la race mexicaine ou latino-américaine est que, la même année 1492, lorsque Christophe Colomb reçut les fonds pour l'expédition qui finirait sur les îles d'un nouveau continent, se déchaînait également la persécution des Juifs, contraints de s'exiler de la péninsule ibérique ou de changer de religion.

La politique d'Isabel la Católica et Fernando de Aragón devait donner lieu non seulement à l'unification du royaume espagnol, mais aussi à la création du plus grand empire qui ait jamais existé dans l'histoire de l'humanité, mais aussi à l'universalisation de la Juifs, qu'ils allaient être contraints de répandre sur la planète, notamment à travers le Nouveau Monde.

L'une de ces familles est venue d'Antonio de Carvajal (homonyme d'ailleurs et peut-être ancêtre d'Antonio Carbajal, le premier footballeur mexicain à avoir disputé cinq coupes du monde) l'un des capitaines des brigantins qu'Hernán Cortés a réunis pour naviguer à Tenochtitlán et conquérir ça.

Le succès d'Antonio de Carvajal a permis à son frère Luis de venir également au Mexique, qui est devenu le gouverneur du Nuevo Reino de León (si cela ressemble à Monterrey, Nuevo León, vous avez tout à fait raison).

Imaginez maintenant comment les Espagnols allaient prendre le fait qu'un Juif d'origine portugaise, un « marrane » comme on les appelait, soit à nouveau placé à la tête du pouvoir politique et économique. Pour l'éliminer ils recoururent à la ressource populaire de l'accuser à l'inquisition, il fut fait prisonnier et mourut en 1590 en attendant son extradition vers l'Espagne. Il avait 50 ans.

Son fils a connu un sort encore plus cruel.

Des vies parallèles dans les racines culturelles juives de Mexique

Le docteur en littérature Angelina Muñiz-Huberman est au 21e siècle, un exemple particulièrement intéressant de la culture au Mexique. Fille de républicains espagnols qui ont fui leur pays, expulsés par l'alliance que Franco a faite avec Hitler pour établir une dictature.

Elle était déjà une jeune fille lorsqu'elle a découvert qu'elle n'était pas seulement une descendante d'une famille de libéraux espagnols, mais aussi de juifs progressistes.

Au moins deux livres publiés au Mexique parlent de ses racines, La lengua florida : antología sefardí (1989) et Les racines et les branches : sources et dérivations de la Kabbale hispano-hébraïque (1993)

Le Dr Muñiz-Huberman est une référence de la culture mexicaine de notre époque. De la même manière, Luis de Carvajal fut le premier écrivain en espagnol qui ne se limita pas à réviser la conquête ou les pétitions à la Couronne, mais à écrire de la poésie et de la littérature. C'est, en d'autres termes, le premier producteur d'art en Nouvelle-Espagne.

Le procès du gouverneur du Nuevo Reino de León a touché toute sa famille et son neveu Luis, appelé El Mozo pour le distinguer de son oncle, a également été arrêté, mais relâché. Non pas pour longtemps.

Luis de Carvajal, El Mozo, n'a jamais pu se débarrasser du stigmate de « judaïser ». L'un des éléments de preuve utilisés contre lui était d'avoir écrit un livre qui commençait par les mots Au nom du Seigneur des Armées, une traduction de la phrase hébraïque qui commence par be shem Adonay Zebaot.

La première fois que le poète a été arrêté, il a été condamné à la réclusion à perpétuité à l'hôpital San Hipólito Lunatic. La seconde, six ans plus tard, était bien pire. Ils l'ont attaché à une grille métallique et l'ont gardé près du feu pendant près de cinq heures, au cours desquelles plus de 100 noms de personnes qui pratiquaient la foi juive lui ont été arrachés. Lorsqu'ils l'ont finalement relâché, il s'est jeté par la fenêtre pour échapper à la torture et a ensuite nié tout ce qu'il avait avoué.

Elle a survécu aux brûlures et aux blessures subies en sautant par la fenêtre pendant 10 mois. Il a finalement été mis sur un feu de joie jusqu'à sa mort. C'était le 8 décembre 1596.

Angelina Muñiz-Huberman est née le 29 décembre 1936, 340 ans plus tard.

Luis de Carvajal avait la trentaine lorsque son meurtre a eu lieu, déguisé en procès au "Saint-Office". Pour écrire, il a utilisé le pseudonyme de José Lumbroso.

Lumbroso parce qu'il se considérait comme éclairé par la grâce divine, comme Joseph, le devin des rêves. Yosef pour la façon de prononcer en hébreu.

Sabina Berman a écrit une pièce sur Carvajal et son oncle. Les Carbajales. Malheureusement, la meilleure biographie n'a pas été traduite en espagnol, elle s'appelle Le Martyr et elle est sous-titrée Luis de Carvajal, un juif secret au Mexique du XVIe siècle. Il a été écrit par Martin Cohen, avec une introduction précieuse par Ilan Stavans. Sa lecture est l'un des meilleurs tests pour cette hypothèse de cette double racine, culturelle et génétique, dans la genèse de notre race.

Machine Translated by Google

À propos de la Fondation du Royal
Université du Mexique

Basé sur Si loin, si près : 450 ans de l'Université Royale du Mexique. Pavón Romero, Institut Armando de recherche sur l'université et l'éducation

2016. Référence en ligne :
http://www.librosoa.unam.mx/bitstream/handle/123456789/391/PDF%20Tanleja%2c%20tancerca%20%28Clara%20In%C3%A9s%20Rmz%29.pdf?sequence=1&isAllowed=

Bien que l'Université nationale autonome de Le Mexique ne peut pas être le même que l'Université royale de Mexique, simplement parce qu'au 21ème siècle Le Mexique est une République et non une colonie de l'Empire, non le fait que dans cette partie de ce ce que nous appelons maintenant l'Amérique du Nord, il existe une institution de l'enseignement supérieur qui dépasse l'année 2017, les 466 années d'histoire.

Pour mémoire et référence rapide, vous pouvez utiliser le fait que 30 ans se sont écoulés depuis la chute de Tenochtitlán, lorsque le certificat royal a été délivré pour le Création de l'Université en 1521.

Sur les raisons de la création du Université, Pavón souligne que l'encomienda, le système qui leur permettait de s'approprier le travail des Indiens, avait apporté conséquences dévastatrices en décimant la population dans le Antilles.

En créant l'Université, le pouvoir de les conquérants, augmentant celle des religieux, avec une outil qui a également facilité l'évangélisation. Au Dans le même temps, une institution a été créée qui a encouragé la l'enracinement des colonisateurs dans ces terres, selon la Pavón, sur la base des arguments établis par le conseil municipal de la ville de Mexico.

Il n'y avait pas encore quinze ans depuis la chute de Tenochtitlán lorsque l'évêque Fray Juan de Zumárraga avait inauguré le Collège de Santa Cruz de Tlatelolco, qui essayé d'éduquer les enfants de la noblesse indigène en retard

Peut-être n'est-il pas inutile de souligner la marge qui, avant la conquête, l'école, tant pour les hommes que pour les femmes était déjà institutionnalisée chez les Mexicas, donc afin que l'assujettissement des indigènes soit plus difficile même s'ils leur ont enlevé toutes leurs traditions, celle de Calmecac, par exemple.

Machine Translated by Google

Selon les mots de l'évêque Zumarraga, Pavón soutient que les religieux avaient des doutes sur la façon dont enseigner, qu'il y avait un besoin d'information « et qu'il n'y a pas université des lettres vers laquelle se tourner ». En conséquence, dit-il le chercheur universitaire « ...l'université a été conçue, principalement en tant qu'institution consultative soutenir l'œuvre de christianisation ».

Il y a eu une controverse de pouvoirs parce qu'en principe il était entendu que Zumárraga voulait augmenter l'instruction des Indiens, de sorte que lorsque la reine consulta le avis du vice-roi Antonio de Mendoza ce n'était pas favorable, au lieu de cela quand il a été soutenu que ce serait la conseil et non pas tant les religieux qui administreraient l'Université, disons, qui l'a convaincu de donner son approbation bon.

Dès 1541, le roi avait nommé un lecteur de théologie "Pour la Variété que dans cette ville nous avons hazer commandant » (sic). Cependant, cela n'a pas prospéré être considérée comme telle, une Université, qui pourtant il est devenu réel avec l'arrêté royal de 1551.

Ce qui pourrait être considéré comme un événement historique est l'intention de démocratisation parce que dans le pétitions au roi Felipe II ont établi qu'ils pouvaient étudier "les enfants de l'espagnol et naturel".

Cependant, Pavón n'est pas aussi optimiste parce qu'il considère qu'en réalité il y avait de la jalousie que les fils des nobles autochtones s'ils avaient déjà un endroit pour apprendre, comme était le Colegio de Tlatelolco, alors qu'il n'y avait pas équivalent pour les enfants du conquérants.

Un fait curieux est le don fait par le vice-roi Antonio de Mendoza pour la fondation de l'Université et qui comprend des terres dont nous ne connaissons pas la valeur, mais nous savons Ils étaient dotés de mille vaches, cent juments et deux mille moutons. Très probablement, vous pouvez voir ici l'intention d'un Université autosuffisante puisqu'on parle de juments et non de chevaux, et d'après les rapports d'Hernán Cortés, nous savons que ceux-ci étaient beaucoup plus précieux pour les Espagnols du 16ème siècle, puisqu'ils ont été reproduits.

Causes et circonstances qui ont facilité la conquête du Mexique

D'après John H Eliot, Espagne, Europe et Outre-Mer, Editorial Taurus.

Ce n'est pas du matérialisme, comme le croyait Marx, niant toute influence de l'esprit humain ; ni l'économie, puisque le cadre théorique d'Adam Smith est simplifié ; ce qui peut expliquer comment une expédition de moins de 700 personnes, pas seulement des hommes, car au moins 20 femmes sont également venues, a réussi à conquérir une région de millions d'habitants, située de l'autre côté de l'océan depuis leur lieu d'origine d'origine.

L'historien d'origine britannique John Huxtable Elliot, né le 23 juin 1930, docteur en histoire de l'université de Cambridge en 1952, et auteur de Spain, Europe and the Overseas World, publié pour la première fois en anglais en 2006 et traduit en espagnol en 2009, propose une alternative analyse pour comprendre un événement qui continue d'affecter la vie de l'Amérique latine au cours des siècles, mais qui est généralement accepté et moins compris.

Elliot commence le chapitre VI de son livre, intitulé The Appropriation des territoires d'outre-mer par les puissances européenne, citant Adam Smith lorsqu'il dit que "le L'établissement de colonies européennes en Amérique et aux Antilles, n'est pas né d'une nécessité.

Et en effet, les Européens s'étaient déjà installés dans un relatif confort sur les îles des Caraïbes. La nature avait été prodigue aux indigènes ce qui, dans une conclusion personnelle, leur a donné il avait donné ce qui était nécessaire pour une existence paisible, donc ils n'avaient pas besoin de la guerre, ni de ses arts meurtriers.

Les sauvages étaient les Espagnols, des siècles de guerre avec les musulmans et une lutte idéologique avec leur religion catholique avaient également conduit à cette condition.

Elliot dit que les Européens avaient des manières différentes de celles que l'on appellera plus tard les Américains de faire la guerre ; le premier tuait pour décimer les ennemis, le second faisait des prisonniers, pour les sacrifier dans des rituels.

Décimés par la variole et d'autres maladies, y compris les maladies vénériennes, en plus de la guerre d'extermination que les Espagnols ont menée, comme indiqué dans les lettres de Fray Bartolomé de las Casas, leur domination sur les îles s'est consolidée, mais pas sur le continent où Des Espagnols d'autres expéditions ont survécu, comme c'est le cas de Jerónimo Aguilar, selon ce que note le Dr Gerardo Martínez dans son fauteuil à l'UNAM.

Si les Mayas et les Aztèques s'étaient comportés comme des Européens, ils auraient très probablement assassiné ces péninsulaires naufragés ou perdus, ils auraient été "tués sur place" et la conquête n'aurait jamais été achevée. Mme Malinche n'aurait pas traduit en maya pour Jerónimo de Aguilar ce qu'elle savait en nahuatl, et le frère n'aurait pas pu traduire pour Cortés, en espagnol, ce que l'on savait de l'empire aztèque.

L'expédition Cortés, dit Huxtable Elliot, a commencé autorisée comme une expédition de sauvetage (échange ou troc) et a fini par être transformée par son commandant en une expédition de conquête.

Qu'est-ce qui a poussé Cortés à désobéir à son chef et à rechercher la conquête ? Peut-être ici l'explication marxiste de la lutte des classes s'applique-t-elle. Comme le souligne le Dr Martínez, Hernán et ses soldats venaient des régions espagnoles les plus pauvres et la tradition militaire. Il est logique de penser qu'avec la mentalité médiévale qui les dominait encore : posséder des terres et renouveler la gloire d'être des Hidalgos (« fils de quelque chose » ou de quelqu'un qui s'était distingué pour ses exploits militaires ou ses services à la Couronne) conduirait à conquérir de nouvelles terres, qu'ils aient ou non déjà un propriétaire.

Si l'infériorité numérique des Européens était si grande que l'usage des montures ne suffit pas à expliquer leurs victoires militaires, elle a sans doute aussi eu une influence. Que les indigènes aient cru que le coursier et le chevalier étaient les mêmes, peut fonctionner comme une explication didactique ou du point de vue des âmes candides que les missionnaires voulaient illustrer, mais il n'a sûrement pas fallu plus de 10 minutes avant que les indigènes ne réalisent que le cheval et le cavalier étaient des sujets différents et ont également saigné et sont morts.

L'Espagne, dit Elliot, citant Adam Smith, n'avait pas la population excédentaire qui était essentielle pour de nouvelles conquêtes outre-mer. L'Europe et l'Asie n'offraient plus de conditions à l'expansion des Espagnols, aucune autre région du monde n'offrait autant de facilités à la domination espagnole que l'Amérique.

Et citant Christophe Colomb : << "L'or sans compter" la rhubarbe et la cannelle, les épices et le coton, ainsi que les esclaves des "idolâtres">>

Dépasser les idéologies, qui sont un frein à l'historien, car elles lui ôtent la perspective et l'objectivité scientifique.
L'Espagne avait également un engagement moral après le traité de Tordesillas, avec lequel le pape avait réglé les différends avec le Portugal, et c'était d'évangéliser. La note que l'Inquisition ne pouvait pas affecter les indigènes parce que ses pouvoirs étaient limités à ceux qui ont trahi la foi chrétienne, aide à expliquer

car la conquête était aussi basée sur la persuasion et pas seulement sur la violence.

Pas seulement une guerre biologique accidentelle ; La différence entre les stratégies de guerre des Européens et des Américains consistant à tuer ou à faire des prisonniers, ni le concept de la valeur de l'or, qui donnait du pouvoir aux premiers et de l'ornement aux seconds, expliquent la conquête. Oui, le fait que les Espagnols étaient unis dans leur volonté de conquérir et que les Américains en avaient assez d'une forme de gouvernement qui les dominait et exigeait un tribut, et cela vaut aussi bien pour le Mexique que pour le Pérou, ou pour Tenochtitlan et El Dorado, si préféré.

Colonisation et évangélisation de la Nouvelle-Espagne

Basé sur Antonio Garrido Aranda, Maures et Indiens. Antécédents hispaniques d'évangélisation au Mexique

Pour comprendre le processus d'évangélisation en l'Amérique, l'auteur soulève la façon dont les religieux ont traité les issue des luttes idéologiques qui existaient déjà dans l'Europe pour les différentes croyances catholiques et celles des Maures et Les Juifs.

La conquête de Grenade éleva aux catholiques la doivent mieux se préparer à répandre leur religion et un L'une de ses méthodes était la fondation de séminaires.

> En 1492, l'ordre franciscain était divisée en deux grandes branches, en fait, indépendant, observateur et conventuel, résultat de deux tendances qui interprétaient sous différents prismes, la pauvreté franciscaine.

Fray Juan de Puebla a créé une maison franciscaine à Grenade pour la conversion des mudéjars. Garrido Aranda observe qu'il y avait des conflits entre les Franciscains pratiquants, qui a évangélisé et gardé les vœux de pauvreté et les

Hiérarchie franciscaine qui a lutté pour préserver les privilèges, les premiers émigrèrent en Estrémadure et se rassemblèrent à les villes de Trujillo, Salvaleon, Villanueva del Fresno et Alconchel.

> Nous avons l'opinion offerte par le frère dominicain Miguel de Arcos que dans une lettre à L'archevêque de Mexico (1551) soutient que la Nouvelle L'Espagne devrait être la Grenade de l'autre côté de la océan.

Les frères se sont installés en Nouvelle-Espagne, y compris trouvé Motolinía, ils adressèrent une lettre au roi le 20 novembre 1555 dans lequel ils ont averti que l'ambition de la richesse de certains clercs du royaume de Grenade avaient quitté le "Maures comme au premier jour"

Une autre expérience antérieure d'évangélisation avait été les franciscains des îles Canaries, au large des côtes africaines, bien que l'auteur dise que jusqu'à présent, il y a peu d'informations sur les méthodes qu'ils utilisaient.

En Nouvelle-Espagne

Les religieux des trois ordres – Franciscains, Dominicains et Augustins

Ils constituaient les porteurs de la foi en Mexique, agissant en solo tout au long du première moitié du XVIe siècle. Pas même le père Olmedo, aumônier d'Hernán Cortés, ni Pedro de Gante, le laïc franciscain, a lancé une méthodologie d'évangélisation mais que son travail C'était, au début, sporadique et désorganisé.

Comme les apôtres du Nouveau Testament, les Les franciscains sont arrivés en Nouvelle-Espagne en groupe de 12 et avec ceux-ci a commencé l'organisation catholique au Mexique et la processus d'évangélisation dans la période qui va de l'an 1525 à 1572.

Sa juridiction spatiale a été formée par la garde de Michoacán, Yucatán, Jalisco, Zacatecas, Guatemala, Pérou, Floride et Nicaragua,

La prochaine commande à arriver dans le "Nouveau Monde", en 1526, ce fut celle des dominicains qui exercèrent leur ministère dans la région mixtèque-zapotèque d'Oaxaca et dans ce qui serait plus tard Mexico. La troisième était celle de la Dominicains, en 1533 et d'après ce que nous apprend l'auteur des Morisques et les Indiens, leur stratégie était de s'installer dans ce qu'ils avaient déjà centres spirituels des indigènes : Cholula, Texcoco,

Tlaxcala et Teotihuacan au centre de la région conquise et Mitla, au sud.

La préoccupation des Religieux espagnol pour l'apprentissage des langues indigènes réaliser l'endoctrinement des indigènes, qu'ils avaient déjà expérimenté avec les Maures, et dont le arrière-plan de l'œuvre El Arte pour connaître un peu le Langue arabe, par Pedro de Alcalá.

Les religieux identifiés en Nouvelle-Espagne un total de 180 langues "toutes essentielles pour le missionnaires dans leur empressement à se connecter avec les indigènes pour le transmission de la nouvelle foi (Orozco y Berra 1864). Depuis le première fois que la langue a été utilisée comme instrument colonisateur..."

Fray Bartolomé de las Casas, historien par accident de sa profession d'avocat

Présentation

Bien que Fray Bartolomé de las Casas ait été retiré cette fois du programme Historiographie II, probablement à cause de la difficulté de trouver des fichiers des informations sur son travail, qui sont presque essentielles pour étudiants qui travaillent et étudient, et donc nous avons besoin de la la portabilité des documents, ça me paraissait important l'occasion d'y travailler pour contrecarrer tendance qui centralise en Europe l'étude de l'histoire.

De plus, j'ai senti qu'il était beaucoup plus nécessaire de enquêter sur les sources historiques de ce qui s'est passé notre pays, que ce que Descartes ou tout autre classique.

Au-delà du professeur émérite Miguel León Portilla, il existe des sources importantes et disponibles pour étudier De las Casas, grâce au fait qu'en 1992, à l'occasion des travaux pour commémorer le 500e anniversaire de la soi-disant "réunion des mondes » ont été publiés en Espagne ses œuvres complètes, dans un édition de deux volumes, dans un ouvrage de plus de mille pages, édité par l'Ordre des Prêcheurs Dominicains, sous le soin de Ramón Hernández et Lorenzo Gálvez, dont les droits sont partagés par la Junta de Andalucía et la Société Éditorial, du V Centenaire.

Ce poste est disponible au cinquième étage de la Bibliothèque centrale de l'UNAM et c'est celle que nous utilisons pour réaliser cet essai que pour sa publication virtuelle nous préférons ne pas citer en bas de page, car cela change selon la taille de la police ou le type de lecteur.

Celui qui n'a pas la chance de pouvoir accéder à ces œuvres complètes à la Bibliothèque centrale de l'UNAM, ou dans quelqu'un d'autre peut l'acheter en ligne avec ces détails :

Œuvres complètes de Bartolomé de las Casas, Alianza Éditorial. ISBN : 84-206-4075-1 ; bien qu'il faille prévenir que cette édition se compose de 15 volumes ; autres travaux substantiels ont été publiés par le Fondo de Cultura Économique.

Fray Bartolomé de las Casas. L'auteur

Fray Bartolomé de las Casas est connu pour être né à Séville et diverses sources placent cet événement en 1474 soit en 1584, c'est la date la plus probable puisqu'en 1516 il a lui-même présenté un affidavit indiquant avoir 31 ans à ce jour (BORGES, Pedro (1990) Qui était Bartolomé de las Casas, Madrid, éd. Col de Rialp <Livres d'histoire, n°33> ISBN 84-321-2670-5)

Mais ce que nous considérons comme le plus pertinent, c'est qu'avant avant de prendre l'habit De las Casas, il était soldat et encomendero En fait, il cite que Christophe Colomb a pris et il distribua 300 Indiens, ce qui lui valut une réprimande de la reine Isabel la Católica, qui a affirmé qu'elle ne pouvait pas se servir comme ça de ses vassaux et ordonna de les relâcher.

L'un de ces Indiens a été remis à Las Casas et il est probable que ce fait a été fondamental donner naissance à sa passion pour le droit, qu'il étudie avec la l'intention déclarée de devenir un défenseur de la aborigènes.

Cette anecdote de la façon dont il est entré en contact avec l'un des Indiens libérés par la reine, le publia dans Trente propositions très légales. 1552 ; folio 1 V

Le but dans l'œuvre historique de Fray Bartolomé des maisons

Avant d'entrer dans le détail de l'œuvre historique de Fray Bartolomé de las Casas peut convenir de noter que son le but ne semblait pas être d'atteindre le grand public, peu importe comment intéressant que les descriptions atroces de comment il a été abusé dans la guerre de conquête, mais que le Le roi Carlos V y a mis un terme. C'est pourquoi vos lettres sont adressée soit au souverain, soit à son fils le prince Felipe, soit à Frère Domingo de Soto. Le confesseur de Sa Majesté.

C'est pourquoi la considération que plus qu'historienne, ce que faisait Bartolomé de las Casas était d'être un avocat qui documenté leurs causes en racontant des histoires d'atrocités dont il a lui-même été témoin ou que d'autres frères, généralement Dominicains, ils voulaient dire.

Le travail historique

Nous savons qu'il y avait des milliers de pages qu'il a écrites Fray Bartolomé, généralement avec l'intention de défendre la liberté d'individus ou de communautés entières. Nous pouvons savoir grâce au fait qu'il se réfère à eux, même si tous ne sont pas publié.

L'une de ces références est le titre d'un de ses œuvres : Plus de 17 remèdes aux questions des Indiens. Seul celui numéroté comme remède 8 est publié, cependant, où il en mentionne plusieurs autres. Bref, si nous on s'en tient au titre de l'oeuvre et ils sont au moins plus de 17 remèdes, nous devons conclure qu'il y avait des milliers de pages pour signaler un abus.

On pourrait énumérer ses œuvres ainsi :

1. Histoire des Indes I à II

deux Histoire de l'apologétique I à III

3. Traités de 1552

Quatre Par thésaurus

5. Douze Doutes, De Regia Potestate;

6. Mémoires (contenant des lettres et divers) et

sept Journal des premier et troisième voyages de Christopher Côlon.

Donc, pour résumer les titres, bien qu'ils soient séparés en plusieurs volumes, on pourrait conclure que l'œuvre de Fray Bartolomé de las Casas, indispensable pour connaître l'histoire de la Nouvelle-Espagne aux XVe et XVIe siècles, est contenue dans les sept noms mentionnés.

LES SOURCES

Une des raisons qui me fait considérer Fray Bartolomé de las Casas comme l'un des plus important de tous les temps, c'est que tout au long de son

L'œuvre répète avec insistance qu'il ne parle pas parce qu'on lui a dit, mais de sa propre expérience.

Ses descriptions sont si explicites qu'à la lumière de nos jours pourraient être comparés aux abus des Espagnols ceux des nazis au XXe siècle. Il en est ainsi à tel point que dans la présentation de ses Œuvres complètes, le dominicain Ramón Hernández, après un premier prologue, ose qualifier dans une nouvelle présentation que Fray Bartolomé de las Casas, alors qu'il défend ses causes en tant qu'avocat, ne présenté le point de vue des victimes, de sorte que son le travail d'historien serait partiel.

Cependant, il est également apprécié que De las Casas fait face à la censure et la preuve en est que le 29 novembre 1553 ; le conseil du Mexique interdit la impression de la Très Brève Relation de la Destruction du Indes qu'il aurait fait connaître en Nouvelle-Espagne que la fraude dominicaine avait informé le souverain Espagnol, qui soit dit en passant était plus que tolérant et réceptif aux plaintes de l'avocat également. Une blague pour alléger la lecture nous fait remarquer que Carlos V a fait mérite ce nom dans un chocolat.

Mais plus sérieusement, Bartolomé de las Casas, dans son la passion pour la cause indigène représentait un danger pour capitalisme envahissant, le capitalisme le plus sauvage parce qu'il soutenu dans l'esclavage. C'était à tel point que si Eh bien, ils n'ont pas osé l'éliminer, comme on le fait aujourd'hui avec le opposants politiques, le tuant ou l'emprisonnant pourrait être comparé au Dr Mireles sous le régime de Peña Petit-fils, si des plumes étaient payées pour le contredire et l'insulter.

La référence au fait que Juan Ginés de Sepúlveda était payé par les encomenderos pour débattre et réfuter Bartolomé de las Casas, est à l'étude sur Les Nouvelles Lois de A. Muro Orejón. dans l'annuaire d'études américaines, Séville 1945. P 51/53.

Bartolomé signale dans la Brevísima relación de la destruction des Indes, folio 35v :

Des horreurs encore pires que celles des Espagnols sont les des Allemands au Venezuela.

Et au-delà de ce qui se passe sur le territoire de New L'Espagne est grâce à Fray Bartolomé de las Casas qui nous connaissons l'un des plus conquistadors le sanguinaire Francisco Pizarro, dont les actes au Pérou sont de sa correspondance avec le frère franciscain Marque de Nice.

Le récit

L'ouvrage de Fray Bartolomé se clôt sur ce chronologiquement, cela s'est produit en premier, lors de l'examen des abus de Christophe Colomb qui a été réprimandé par la reine pour distribuer 300 Indiens. Isabel la Católica lui reproche il a le droit de disposer de ses vassaux et lui ordonne les libérer.

Trente propositions très légales. 1552 ; folio 1 V

Mais l'ensemble de l'œuvre historique de Fray Barthélemy est raconté avec un langage juridique. le compilateur de son travail, le dominicain Ramón Hernández, estime que « Bartolomé a commencé ses études de droit en 1518 étant clerc séculier, étant donné qu'en 1552 Barthélemy lui-même dit qui a consacré 49 ans aux Indes et 34 à étudier droit". C'est ainsi qu'il soutient son Traité des Indiens fait des esclaves.

Se référant ici au Honduras et au Nicaragua, des Casas a écrit et décrit :

Ils se sont précipités pour les dépeupler... car agora Huit ans en venant ici, j'ai vu ces provinces, et je n'ai pas il n'y avait rien de plus détruit ou dépeuplé, après l'île Hispaniola et ses pays voisins, dans toutes les Indes, étant elles très peuplé

Voici quelques avis et règles pour le confesseurs"/Folio 1v raconte Ginés de Sepúlveda, le frère de salaire des encomenderos :

Le très révérend docteur devrait savoir que les terres de tout ce monde sont les plus fertiles et les plus utiles, pour être riches tous ceux qui veulent se servir, sans écorcher les Indiens.

Le sujet et le moteur de l'histoire

Comme il n'y en a peut-être pas d'autre dans la littérature du siècle XVI, l'œuvre de Fray Bartolomé de las Casas mène la personnages autochtones comme sujets principaux de l'histoire et la justice pour eux est le moteur qui anime tous leurs travaillé.

L'humanisme de Fray Bartolomé transcende son qualité littéraire, il n'a pas écrit pour être admiré par les masses, leur "marché" ne saurait être celui des encomenderos, ni ceux des soi-disant "Indiens" qui ne connaissaient pas l'espagnol et beaucoup moins de latin.

Ce qui est un fait vérifiable à l'œil nu, c'est que Fray Bartolomé de las Casas a écrit sur la guerre d'une telle afin que leurs définitions transcendent le territoire américain et le 16ème siècle pour être valable dans tous fois et dans tout l'univers. Ces lignes suivantes étaient Extrait de : B de las Casas. Œuvres Complètes 2. Unique

vocationis modo. Alliance éditoriale. Madrid 1990p
378...380.

La guerre apporte avec elle ces maux : le bruit des armes, la soudaine, impérieuse et
furieux : la violence et le carnage, les ravages, les
pillages et butins... Avec les guerres
maisons, tout est rempli de peur, de pleurs, de plaintes,
regrets. Les arts des artisans pourrissent, les pauvres sont vus dans le besoin de jeûner ou de se soumettre à des procédures impies, les riches déplorent les biens volés ou craignent pour les qu'il leur reste encore... Les noces des vierges
existent ou sont des matrones mélancoliques et lointaines, désolées ils sont consommés dans la stérilité. Les lois se taisent, on se moque d'elles les sentiments, nulle part il n'y a d'équité

Il n'est pas nécessaire d'interpréter pour connaître le moteur de l'histoire écrite par Fray Bartolomé, il l'explicite :

J'ai été induit, je suis dans cette Cour d'Espagne
essayant de chasser l'enfer des Indes, bien qu'il ne l'ait pas eu

Je l'ai fait exprès, et je ne l'avais pas mis en action par mon occupations continues (Obra cité, p 25)

La fidélité de la pensée du frère et de l'avocat dominicain a pu se conserver grâce au fait qu'entre 1552 et 1553, il s'occupe lui-même et fournit les matériaux pour l'édition de ses Œuvres Complètes, mais de beaucoup plus tôt et il le fait savoir dans ses écrits, il a lui-même fait imprimer ses ouvrages pour qu'il n'y ait aucun doute sur ce qui pourrait être écrit à la main et lettre, et le souverain pourrait rendre la justice qu'il exigée pour les natifs du soi-disant Nouveau Monde.

Sur la médecine en Nouvelle-Espagne et les premiers hôpitaux spécialisés

Ramsès García Ancira Saba

Basé sur la médecine en Nouvelle-Espagne, XVIe et XVIIe siècles, Gerardo Martínez Hernández, Instituto de Investigaciones Históricas/Institut de recherche sur l'université et le Éducation, Mexique, 2014

Il n'est pas inconnu, et pourtant on s'en souvient peu, que ce que nous appelons la médecine occidentale est basée à Galien, un médecin grec ; mais que celui-ci est passé par l'interprétation des Arabes, qui l'ont traduite et sûrement ils ont introduit leurs propres observations à la médecine qui a été pratiquée en Espagne et qui a ensuite atteint le Nouvelle Espagne.

Selon la division de l'histoire de Carlos Marx, les premiers systèmes économiques étaient l'esclavage, féodalisme et capitalisme. Le second était le sien dès le moyen-âge.

La médecine universitaire médiévale était galénisme. La conquête espagnole avait des bases médiévales puisque les conquérants avaient pour but saisir la terre et les hommes comme ses vassaux, comme cela s'était passé en Europe. A partir de cela nous pouvons interpréter que la première médecine qui a été pratiquée dans le La Nouvelle-Espagne, était médiévale.

Aux sources de la médecine primitive du Nouveau Espagne, le Dr Martínez Hernandez cite Abu Ali-Al Husayn ibn Sina. La contraction du nom du fils (Ibn) de Sina, prends le son Avisena, qui est le nom tel qu'il est il connaît le médecin arabe qui a traduit et commenté Galien.

La théorie galénique, basée sur les humeurs, ou substances prédominantes dans le corps, aurait nécessité vérification par dissection des corps, mais si sa simple la reproduction d'images est interdite dans la religion musulman, chez le catholique il n'y avait pas moins de répulsion pour le disposition des cadavres à des fins d'étude, d'une manière que la médecine en général a stagné au Moyen Âge et Nous avons déjà tenté d'établir qu'aux fins de la conquête, de ce côté du monde le Moyen Age se poursuit.

En tout état de cause, l'interprétation des fonctions du organes humains a été établi par analogie avec ceux des animaux, ceux qui avaient été disséqués depuis l'époque de Galien.

Le texte fournit une description exhaustive des système de croyances et de connaissances sur la médecine au cours des siècles

XV et XVI, les fonctions qui étaient attribuées aux organes, à humeurs, à la chimie qui a transformé la nourriture à l'intérieur du corps et la manière dont il a été expliqué que certains des gens tomberont malades et d'autres pas dans les mêmes circonstances, ce qui était attribué à la constitution « forte », « robuste », "délicat" ou "faible" des gens.

L'espace nous empêche de faire une autre description. détaillé pas du livre, pas même de ce chapitre dans particulier et nous ne voudrions pas manquer de mentionner quelque chose qui semble très transcendantal et c'est le fait qu'à New L'Espagne semble avoir jeté les bases des hôpitaux, non seulement pour les spécialités, mais pour les différents groupes ethniques.

Outre le fait que la médecine de l'époque coïncidait avec l'actuel dans le sens où l'air, le sommeil, la nourriture et la boisson peut altérer les humeurs et avec elle la santé, c'est pertinent de souligner la construction d'hôpitaux spécialités de la Nouvelle-Espagne.

Très proches les uns des autres, dans ce qui est au 21ème siècle le Avenue Puente de Alvarado et son prolongement en tant qu'Avenida Hidalgo, sont le Musée National du Timbre et le Église de San Hipólito, à l'origine un hôpital pour métis et mulâtres, les premiers et "innocents" ou malades mentaux les deuxième.

L'hôpital de Santa Fé, fondé par Vasco de Quiroga, et d'autres, érigés dans ce qui sont aujourd'hui les états de Michoacán, Querétaro et d'autres entités de ce qui l'ère de la Nouvelle-Espagne sont déjà des œuvres d'humanistes qui, comme Comme le dit l'historienne Josefina Muriel, ils étaient des hommes du Renaissance.

De plus, considérant que l'hôpital n'était pas seulement un lieu pour soigner les malades, mais plutôt un lieu d'hébergement, l'apprentissage et la pratique académique, on pourrait bien conclure que la médecine médiévale en Espagne a cessé d'être être ainsi en Nouvelle-Espagne, où il acquiert déjà des caractéristiques de renaissance.

Commerce entre la Nouvelle-Espagne et L'Asie à l'accord transpacifique ou TPP

Basé sur Mécanisme et éléments du système économique colonial américain, XVI-XVIII siècles, Ruggiero Romano, El Colegio de México, History of the Americas Trust, 2004

Avec toutes les critiques, justifiées ou non, que ont fait au XXIe siècle à l'Accord stratégique Coopération économique transpacifique ou TPP, Transpacific Partnership pour son sigle en anglais, connaître le oeuvre de Ruggiero Romano sur le commerce hispano-américain est un précédent pertinent pour le comprendre

Dans son ouvrage, Romano nous donne des cas concrets de types de commerce qu'ils exerçaient et se distingue dans le premier lignes du chapitre V de l'ouvrage précité, The Circulation of la Marchandise l'exemple du tissu chinois qui a quitté Manille pour Acapulco comme commerce transcontinental; d'Acapulco à Pérou comme commerce interaméricain et si c'était d'Acapulco à Guadalajara comme commerce intérieur.

En tout cas, si la Nouvelle-Espagne et les Philippines appartenaient à la même région commerciale de l'empire espagnol, peut considéré qu'il s'agissait d'un commerce intérieur, même si un océan séparera la soie des Philippines à Acapulco, tandis que que selon les critères du XXIe siècle, personne n'hésiterait à considérez cela comme un commerce mondial.

Ruggiero dit qu'en termes réels, le commerce Le transpacifique s'est développé dès les premiers voyages de Côlon. Entre 1492 et 1561, soit près de 70 ans, ces voyages furent effectué sans escorte, mais à la fin il a fallu émettre un Certificat royal pour garder les flottes et les galions.

Déjà à ce moment-là, le voyage qui partait des côtes de Espagne, a fait escale à Porto Rico ou Saint Domingue et puis divisé en deux :

> La flotte a pris le cap de Carthagène (où la cargaison destinée à New York a été déchargée Grenade) et Portobelo (pour les marchandises à destination du Pérou et Chili) alors que de leur côté les galions se dirigeaient vers Nouvelle Espagne. Puis, après avoir chargé les navires à le retour (surtout avec des matériaux précieux, mais aussi avec d'autres marchandises) a commencé de Cuba le aller-retour en Espagne en un seul convoi

L'auteur souligne que malgré l'importance de la montant commercial des expéditions, ils ne l'ont pas considéré assez dans les colonies, ce qui a donné lieu à la corruption

En achetant des cargaisons de contrebande anglaise, néerlandais et français.

La commercialisation a donné lieu aux foires plus plus grand au monde, des foires pour effectuer des transactions qui se sont installés en Amérique et qu'ils se sont installés à Jalapa, pas à Veracruz, port de débarquement, en raison de la chaleur intense ; dans Portobelo (aujourd'hui Panama) et à Carthagène, Colombie.

Ce trafic officiel n'inclut pas les navires de esclavagistes, ceux destinés au transport du mercure, qui sont nécessaires à l'exploitation des mines, ni bien sûr ceux qui ont apporté de la contrebande en Espagne.

A l'inverse, l'Espagne se trouve incapable de se doter Nouvelle-Espagne de tous les produits dont on avait besoin, et parmi lesquels Ruggero met en avant le papier, le textile, les alambics, chaudières et matériel typographique, indispensables dans un "monde en construction » qui favorisait la contrebande, mais aussi le déséquilibre commercial si l'on tient compte du fait que ce qui est qu'ils portaient étaient des métaux précieux, c'est ce que ils pouvaient acheter des produits importés

Un autre exemple de déséquilibre commercial peut être apprécié dans le tonnage des navires, bien que cela soit aussi peut expliquer en raison de la différence de gravité spécifique entre les marchandises qu'ils prenaient (métaux précieux) et les qu'ils ont apporté, comme le mercure pour les bienfaits de les mines.

Dans tous les cas, sur le trajet aller, on estime que ils transportaient 4355 tonnes, tandis qu'au retour accumulé moins de la moitié, seulement 1903 tonnes, et si ceux-ci sont actualisés par le poids entre la nourriture et l'eau.

Il se pourrait bien aussi, selon les données qui présente Ruggiero Romano, qu'une grande partie de cette marchandise introduits en contrebande dans les colonies, de sorte que Ils ont payé les taxes correspondantes. En d'autres termes la corruption était déjà un problème des siècles avant parler d'un nouvel accord commercial transpacifique ou TPP.

Le roman comme source d'information
histoire de la colonie

D'après Fernando Benitez, Les démons du couvent. Sexe et religion en Nouvelle-Espagne, "Chapitre 1. Concert baroque"

Le roman est une source merveilleuse pour imaginer environnements, recréer des ambiances et aborder des informations qui, bien qu'inexacte, elle peut éveiller notre curiosité à aller à d'autres sources plus sérieuses. Si le roman a aussi détails d'intimités picaresques ou sexuelles, probablement plus d'intérêt suscite.

Du temps des rois et des empires, il y en a un en particulier qui se distingue par son jeu amusant et ingénieux The Stunned King, par l'Espagnol Gonzalo Torrente de Ballester, qui traite d'un monarque, certains pensent qu'inspiré par Felipe IV d'Espagne (1605-1665) qui s'étonne de voir le corps nu d'une femme, quelque chose que je ne savais pas en dépit d'être marié.

Le roman publié en 1989 et adapté au cinéma en 1991, était cependant après Los Demonios dans le Convento, de Benitez, publié quatre ans plus tôt, dans 1985, et un film a également été réalisé en 1986, bien que très modeste par rapport à The Stunned King. En effet, celui inspiré du roman mexicain s'appelait Redondo et le réalisé par Raúl Bustero.

Le premier chapitre de Los Demonios en el Convento, Fernando Benitez la date de 1699, à 22h30. demain, pour être plus précis, et compte les revenus de la jeune femme Juana Inés Ramírez à l'ordre des Jerónimas, bien qu'au Au début, cela ressemblait à un mariage royal. et non d'une prise d'habitudes par un novice.

Le roman et le film inspirés par le roman de Benitez, ils sont en deux temps. Dans l'oeuvre littéraire, tandis que l'écrivain écrit, il voit des images de la 20ème siècle, et à Redondo ; adapté par Paco Ignacio Taibo, le l'auteur tombe amoureux d'un des protagonistes du film qui filme

Ce style élaboré, qui mélange les époques, en où il faut chercher de nouvelles images dans lesquelles apparaître à première vue peut être comparé au style l'architecture du baroque qui à son tour justifie le nom du premier chapitre de Los Demonios en el Convento, intitulé Concert baroque qui est aussi, soit dit en passant, le titre de un roman d'Alejo Carpentier.

Quelle que soit la structure, la valeur de la roman historique réside dans le fait qu'il peut nous introduire à la formes de langage en insérant des formules dans l'argument des mots comme ceux utilisés par Sor Juana Inés lors de la prise de habitudes:

"J'ai méprisé le royaume du monde et tout ornements et ornements du siècle pour l'amour de mon Seigneur Jésus-Christ (...) Je suis un esclave du Christ et donc je le tiens apparemment et

J'exhibe le costume servile et la représentation de l'esclave ", dit par exemple, le personnage de Sor Juana prenant l'habit, et bien qu'il ne soit pas signalé qu'il s'agit d'une citation textuelle, eh bien on peut supposer qu'il est très proche de la forme de parler du temps

Bien que Los Demonios en el Convento ait plus réputation d'œuvre littéraire, de classique moderne et du moins comme roman historique, c'est quand même un bon exemple combattre les préjugés qui persistent encore à l'égard de le métier d'historien au sens où c'est une carrière sans grande marge professionnelle. Au contraire, le roman l'histoire comme genre littéraire et forme de diffusion est un champ qui n'a pas de limites.

Science et santé à la conquête de Tenochtitlán et fondation de la Nouvelle-Espagne

L'utilisation du mot science n'était pas entièrement acceptée jusqu'au milieu du XIXe siècle. Avant qu'ils ne soient utilisés des termes tels que philosophe naturel, scientifique, cultivateur scientifique ou similaire. C'est à l'anglais William Whewell un à qui l'on doit le terme "scientifique". Cela ne signifie pas sans cependant, qu'il n'y a pas eu de connaissance ordonnée et vérifiable de plusieurs siècles auparavant, de ceux qui doivent faire avec le début de la Nouvelle-Espagne, c'est que nous traitons dans ce travaillé.

Les connaissances qui ont précédé la découverte de l'Amérique, dont certaines ont facilité sa conquête et ceux qui permettent de comprendre comment cela s'est passé, étudier, par exemple, l'influence des virus sur la santé des autochtones qui n'avaient pas les défenses naturelles pour leur résister.

Il y a de la science, ou du moins de la technologie dans l'utilisation des de l'acier pour faire des armures, dans les voiles qui servaient couvrir la distance entre les continents, dans celle de la poudre à canon qui servait aux arquebuses et aux canons qui permis d'éliminer les ennemis qui n'avaient pas plus ressources que la force de ses bras pour lancer une lance, ou au mieux avec la technologie rudimentaire de leurs flèches.

Il n'y avait pas de supériorité intellectuelle du conquérants sur les vaincus, mais processus de développement différent. Dans un pays tropical, à quoi bon Dois-je inventer une armure lourde ? avec toute la nourriture nécessaire pour se nourrir et guérir, avec suffisamment fibres pour fabriquer des textiles pour l'habillement, quel besoin avait les peuples à s'aventurer au-delà des océans si avaient-ils tout pour survivre ?

Des épices pour aromatiser les aliments, mais aussi cacher le mauvais goût de la viande avariée encouragé les Européens à les importer de l'étranger, mais quand les Turcs ont bloqué leur accès par la mer Méditerranée a dû chercher de nouvelles routes et c'est dans ce J'essaie d'aller dans le Nouveau Monde.

L'urbanisme européen oblige à importer de la nourriture de la périphérie ou du moins de grandes distances. N'était-ce pas celui-là cas de Tenochtitlan, que indépendamment des impôts, n'avait pas au-delà de Tlatelolco toute la nourriture nécessaire pour leur subsistance.

Toujours au 21e siècle, à Mexico
il y a la production de nopal, d'amarante et de miel qui
pourrait bien éviter en cas d'urgence que la population
mourir de faim

In Cinq aberrations fondamentales du capitalisme
(Martínez Domínguez, Lozano Trejo et Emmerich)i le médecin
Raúl Domínguez Martínez explique que les burgos et plus tard les
les villes avaient besoin de produire quelque chose pour l'échanger contre
aliments. Dans un premier temps, pour produire plus, il a fallu
La technologie.

D'autre part, dans l'ancienne Tenochtitlán, la maison et le
moyens de production alimentaire, la terre, tout était en
le même domaine.

Contexte technologique de la conquête

Une autre des découvertes techniques de grande
pertinence pour les scans était le soi-disant
Voile latine, probablement d'origine assyrienne, et qui lui
a permis de naviguer contre le windii

La poudre à canon, utilisée pendant de nombreuses années par les
Chinois à des fins festives, dit Martínez Domínguez, il a pu

ayant eu sa première application militaire il y a environ 300 ans avant la conquête, dans une guerre contre les Mongols.

Les Mongols ont transmis le savoir de poudre à canon aux Arabes et tout indique qu'ils l'ont utilisée dans le invasion de la péninsule ibérique selon ce texteiii

> ..ils [les Arabes] ont lancé de nombreuses boules de fer [boules] qu'ils ont lancées avec le tonnerre, dont les chrétiens ont ressenti une grande peur, puisque tout membre de l'homme qui a été touché, a été coupé comme s'il avait été coupé avec un couteau; et comme il voulait que l'homme tombe blessé, il est mort après, puisqu'il n'y avait pas de chirurgie qui pouvait le guérir, d'une part parce que [les plombs] venaient brûlant comme du feu, et d'autre part, parce que les poudres avec lesquelles ils étaient jetés étaient d'une telle nature que toute plaie qu'ils faisaient signifiait la mort de l'homme.

> ..et ils l'ont frappé avec une balle du tonnerre sur son bras, et ils l'ont coupé, et il est mort plus tard un autre jour : et cette même chose a blessé ceux qui ont été blessés par le tonnerre. Et même l'histoire compte les faits de l'hôte.

Les Espagnols ont appris à utiliser le nitrate de potassium, mélangé avec du carbone et du soufre pour créer ce devenue l'arme la plus puissante depuis 1343 dans le Bataille d'Al Jazirat, mieux connue sous le nom Castillanisé Sitio de Algecira, jusqu'en 1945 avec l'utilisation de la bombe nucléaire contre la population civile et sans défense Hiroshima, pour plus d'informations.

Au cours de ces six siècles d'utilisation de la poudre à canon Le siège de Tenochtitlán eut lieu en 1521.

technologie et conquête

Peu d'attention est accordée au fait que le la conquête de Tenochtitlán a eu lieu après plusieurs batailles naval. Les Mexicas n'étaient pas seulement inférieurs en nombre par rapport aux alliés de Cortés, en particulier les Tlaxcalans, mais aussi les canoës étaient nécessairement très faibles par rapport aux hauteur des brigantins qu'il avait fait construire Le conquérant.

La taille des fossés, des canaux utilisés par le colons à se rendre dans les temazcales ou les milpas ou chinampas, c'était exactement ce dont ils avaient besoin. De Texcoco, Cortés avait besoin d'une bonne dose de main de travailler pour les agrandir et équiper les brigantins.

La date du début de la navigation vers la ville ère préhispanique le 28 avril 1521. Bernal Díaz raconte del Castillo dans sa véritable histoire de la conquête de Nueva España : "Nous sommes revenus parler de notre fossé et fossé par lequel les brigantins devaient quitter le grand lagon, et il était déjà très large et profond, qu'ils pouvaient nager elle expédie de taille raisonnable; parce que, comme d'autres fois j'ai dit, il y avait toujours huit mille Indiens dans le travail ouvriers"

La bravoure des défenseurs de Tenochtitlán n'a pas été peu, ayant eu les connaissances nécessaires il est possible qu'ils avaient utilisé leurs propres armes contre les Espagnols qui sont venus capturer des canons. Dans La Vision du Vaincu, Miguel León Portilla reproduit :

> De la part des Espagnols également, il y a eu un retour. Ils sont allés s'installer à Acachinanco. Mais le canon qu'ils avaient placé sur la pierre du sacrifice des gladiateurs, ils l'ont laissé à l'abandon.
>
> « Les guerriers mexicains le saisirent alors, l'entraînèrent furieusement et le jetèrent à l'eau. C'est à Sapo de Piedra (Tetamazolco) qu'ils l'ont chassé.

La capture du canyon a été faite à la limite nord de la ville préhispanique (où maintenant la rue de Chimalpopocaiv) et jeté dans un puits qui aurait dû être situé dans le fossé qui communiquait avec Iztapalapa et Tezcoco, car à cet endroit selon la page officielle du Palais Nacionalv était situé à Tetamazolco.

La technologie mexicaine existait également et l'un de ses manifestations étaient les portes et les digues de la lagune dans le qu'ils aient habité Ceux-ci, selon Hernán Cortés, sont venus à ouvert pour noyer les envahisseurs et il y eut une grande mortalité des Tlaxcalans qui l'ont servi, mais pas des Espagnols.

Les Mexicas étaient entourés d'eau, mais c'était saumâtre. Ses travaux hydrauliques leur avaient permis de la séparer de la l'eau douce qu'ils recevaient par deux aqueducs principaux, l'un qui Il venait de Chapultepec et un autre de Churubusco (Huitzilopocho). Est ce dernier a été coupé par Cortés, ce qui aurait dû entraîner décisive dans la défaite de la population assiégée.

Différence de développement technologique

Se pourrait-il que les Mexicains n'aient pas passé l'âge de pierre alors que les Européens avaient dépassé l'âge du fer ?

Les hypothèses raciales étant écartées, il reste le demande pourquoi de ce côté de l'ouest les métaux Ils étaient utilisés à des fins ornementales et non pour fabriquer armures. Parce que ce n'était pas nécessaire, dira le professeur

Domínguez Martínez de son approche matérialiste de l'histoire.

La roue était connue des peuples préhispaniques et était utilisée pour faire glisser des personnages en forme de chiens ou de jaguarsvi

Si cet usage ludique était donné, il ne serait pas impossible pour Il leur serait également venu à l'idée de fabriquer des brouettes pour transporter des matériaux de construction.

En tout cas, comme nous n'avons pas d'animaux de trait ni de pour le transport, il y avait moins de possibilités d'emploi la roue.

Mais suivant la ligne du matérialisme historique On pourrait risquer une autre hypothèse : pourquoi n'ont-elles pas été fournies ? choses avec l'utilisation d'instruments de charge sur roues ? Parce que ce n'était pas nécessaire. Leur supériorité physique leur a permis parcourir de longues distances et le système postal aidé à coopérer pour le transport de la marchandise. Il est Il est bien connu qu'à la table des empereurs aztèques il y avait du poisson frais qui venait de la mer.

naturalistes

Le Suédois Carlos Lineo a classé les plantes, les animaux et minéraux et publie ses études à partir de 1729. Sans référence Cependant, Hernán Cortés a découvert qu'à Tenochtitlán, 200 Des années auparavant, Moctezuma possédait une volière qui, en raison de sa description était la plus étonnante de la planète.

Grâce à la pratique que nous avons faite avec le Dr. Gerardo Martínez Fernández le samedi 20 mai 2017, ses élèves, nous avons pu connaître l'endroit exact où J'ai trouvé cette volière. Au 21e siècle, il est marqué par le numéro 5 de la rue de Gand, dans le centre historique de la Mexico.

Il est probable que l'extension de la volière a été étendu à l'ouest jusqu'à ce qui fut plus tard la rue de San Juan de Letrán puisque cette délimitation était celle qui il avait la micro-ville qui constituait le couvent franciscain Où était l'hôpital pour naturels.

Hôpital dont les portes donnaient sur le fossé qui conduisait encore à l'époque coloniale au Peñon de Los Baños, du nom des temazcales qui faisaient partie de Hygiène et médecine préhispanique.

Mais non seulement cette volière a révélé l'intérêt de classification et protection des êtres vivants, mais aussi étendue à différents êtres humains. Nains et personnes avec d'autres difformités qui les rendaient différents du commun Les Mexicas avaient leurs espaces à la cour de l'empereur selon Cortés le fait savoir dans ses Relationship Letters.

> Dans cette maison il avait dix étangs d'eau, où il avait toutes ses lignées d'oiseaux aquatiques que l'on trouve dans ces parages, qui sont nombreuses et diverses, toutes domestiques ; et pour les oiseaux qui se reproduisent dans la mer, c'étaient les étangs d'eau salée, et pour ceux des rivières, les lagunes d'eau douce ; Quelle eau était vidée d'un certain temps à l'autre pour le nettoyage, et remplie à nouveau par leurs tuyaux ; et chaque espèce d'oiseau recevait cet entretien qui était propre à sa nature et avec lequel ils se maintenaient sur le terrain.
>
> De sorte qu'ils en donnaient à ceux qui mangeaient du poisson, et à ceux qui mangeaient des vers, des vers, et à ceux qui mangeaient du blé, du blé, et à ceux qui mangeaient d'autres graines plus petites, en conséquence ils les donnaient.
>
> Et je certifie à Votre Altesse que les oiseaux qui ne mangeaient que du poisson en recevaient chaque jour dix arrobas, qui sont prélevés dans la lagune salée. Il y avait trois cents hommes pour s'occuper de ces oiseaux, qui ne comprenaient rien d'autre. Il y avait d'autres hommes qui ne comprenaient que comment guérir les oiseaux malades. Sur chaque mare et étangs de ces oiseaux il y avait des couloirs et des belvédères très délicatement sculptés, où ledit Muteczuma venait les recréer et les voir. Dans cette maison, il avait une chambre dans laquelle il avait des hommes et des femmes et des enfants qui étaient blancs de naissance de visage et de corps et de cheveux et de sourcils et de cilsvii

Avec ce titre, le biologiste Jared Diamond a produit un livre remarquable dans lequel il analyse l'histoire du point de vue de l'évolution, des conditions climatiques et de la nature. Lorsqu'il parle de germes, il utilise une anecdote comme point de départ. Un médecin tentait de déterminer l'origine de la maladie d'un sujet qui ne parlait pas sa langue. Sa femme lui a servi de traductrice. Il lui a demandé de lui dire si elle avait eu des contacts sexuels extraconjugaux. Avant que la réponse ne soit traduite, la femme lui a lancé un objet à la tête et est sortie en trombe, le médecin apprenant plus tard que l'homme avait eu un contact charnel avec les moutons qu'il gardait.

Le chapitre 11 du livre de Diamond s'intitule The Deadly Gift of Cattle et il y explique que les peuples européens avaient plus d'animaux domestiques ou d'élevage au départ, ce qui les maintenait en contact avec leurs excroissances, contrairement aux peuples nomades.

> Toutes les histoires militaires qui glorifient les grands généraux simplifient à l'excès la vérité prosaïque : les vainqueurs des guerres du passé n'étaient pas toujours les armées avec les meilleurs généraux et les meilleures armes, mais étaient souvent simplement celles dont ils portaient les germes les plus méchants à transmettre à leurs ennemis.

Les Européens vivaient déjà depuis des milliers d'années avec le bétail et à ce moment-là, ils en ont reçu le virus qui muté pour devenir des maladies humaines telles que rougeole, mais ils avaient aussi développé des défenses.

Sur les îles d'abord occupées par les Espagnols ils avaient déjà inoculé la rougeole, un esclave noir qui apporté d'Hispaniola (Cuba) est crédité d'avoir variole qui, après avoir coupé l'aqueduc de Churubusco, dîme aux Mexicas.

La rougeole, la tuberculose et la variole sont les virus qui rapporte Diamond au bétail connu des Espagnols mais pas les Mexicains. Le même auteur place en 1495 les premiers diagnostics de pustules en Europe qui déjà pour 1546 a été communément identifiée comme la syphilis.

La perception que sans le vouloir n'est pas faux les Espagnols n'ont pas tant gagné grâce à l'ingéniosité de Cortés comme par la guerre bactériologique qui tua la moitié des défenseurs de Tenochtitlán, parmi lesquels se trouvaient les Empereur Cuitlahuac. À cet égard, Diamond donne cette information : Dans 1618, la population initiale du Mexique, qui était d'environ 20 millions, avait chuté de plus de 90 %.

En d'autres termes, en 1618, tous les Mayas, Mexicas, Mixes, Zapotèques et autres races de population de Tenochtitlán à la rivière Grijalba, si ces données étaient Certes, elle n'aura pas dépassé le million 600 mille habitants.

Si l'on ajoute à cela la dépression que conquérir les indigènes et qui les a conduits au suicide, nous avons trouvé un autre facteur qui a décimé la population. Pour essayer de freiner cette pratique les religieux attribuaient les sécheresses au Yucatan, à un châtiment pour les personnes qui se sont privées de la vie se pendre viii

> Les suicidés se voient également refuser un enterrement chrétien. Dans les missions de Sinaloa, les Jésuites, en 1624, se sont plaints de certaines pratiques que les Indiens faisaient pour ne pas vivre, le tout dans une attitude de "résistance passive" et comme une forme de mutilation vitale avant la conquête et l'effondrement de leur Culture.
> Pour ne pas survivre ou se reproduire, ils recourent à divers moyens : l'un est l'avortement, l'autre le suicide ; Les prêtres disent de ces derniers qu'ils ont pris une certaine herbe vénéneuse, avec laquelle ils sont morts en quelques heures, et « en ne leur donnant pas une sépulture ecclésiastique, mais en leur faisant manger des chiens et des coyotes à la vue du peuple : ils ont pris une certaine peur."

Communication écrite

Il existe cependant un autre facteur qui aurait pu faciliter la conquête et dans laquelle elle n'a peut-être pas été approfondie assez, peut-être parce qu'on n'a pas obtenu assez de données, et C'est que Cortés avait de meilleurs moyens de communication, par exemple, trouver du soufre pour faire de la poudre à canon.

Si l'on se souvient que l'expédition de Cortés, vers ce qui deviendrait plus tard la Nouvelle-Espagne, était recherche et sauvetage, il est compréhensible qu'il n'avait pas assez de poudre pour l'aventure militaire. Cependant l'a obtenu par l'un des hommes de l'entreprise commandé par Pedro de Alvarado, Francisco de Montano, et l'apporta de l'embouchure du Popocatépetl. Est coordination et logistique sûrement nécessaires commandes et réponses écrites. En fait ces documents pouvaient être consultés par Cortés et Bernal Díaz del Castillo quand ils ont écrit les Lettres de la relation et la véritable histoire de la conquête de Nouvelle-Espagne, respectivement.

Le siège de Tenochtitlan n'était pas d'un seul front, Cortés, dans la vallée méridionale du Mexique, communiquait avec personnes stationnées au nord, de l'autre côté du lac.

Cela ne signifie pas que les peuples préhispaniques n'avaient pas de communication écrite, car avant l'arrivée des Mexicas au lac, à Culhuacan, il y avait des tlacuilos qui dessinaient des codex. 600 ans avant Jésus-Christ, les Mayas avaient une écriture phonétique aussi bonne que sumérienne aurait pu l'être. Les stèles mayas portent des inscriptions qui permettent de connaître la date exacte à laquelle elles ont été achevées et la date à laquelle elles ont été déposées à leur destination finale.

En tout cas, Cortés avait des alliés dans divers lieux et moyens de communication avec eux. Les Mexicas ont également envoyé des émissaires, mais sûrement le

La parole, le ressentiment d'autres peuples subjugués et d'autres facteurs, n'ont pas permis d'atteindre le succès souhaité, comme il l'a fait lorsque Cortés a ordonné d'apporter du soufre pour faire de la poudre à canon ou a développé la logistique pour que les navires qui attendaient dans l'océan soient défragmentés. , rassemblez-les à Texcoco et lancez-les dans le siège de la plus splendide ville préhispanique du monde antique.

Cela ne signifie pas que les peuples préhispaniques n'avaient pas une langue écrite très développée, bien qu'elle n'ait pas encore été entièrement décodée.
En dehors du contexte de la conquête et des Nahuas, d'autres nations de l'isthme et de la péninsule avaient, sinon exactement des lettres, des chiffres qui représentaient des syllabes et des sons.

En l'état, l'agonie de la vallée du Mexique s'est poursuivie jusqu'à la chute de l'empire aztèque. Cuauhtémoc est né de Tepito. Le dernier empereur. À ce moment-là, la plupart des femmes et des enfants avaient été évacués en raison du manque d'eau et de nourriture. L'aqueduc de Chapultepec était également déjà entre les mains des Espagnols.

C'est alors qu'avec le soufre apporté de Popocatépetl, l'usine de canons fut reconstruite et la destruction de Tlatelolco terminée.

Cuauhtémoc et quelques soldats (il n'est pas correct de les appeler chevaliers aigles ou tigres, car ils n'utilisaient évidemment pas de chevaux) ont tenu jusqu'à où ils le pouvaient, probablement pendant que les enfants, les femmes et les vieillards cherchaient à s'enfuir.

La construction d'églises, là où se trouvaient autrefois des temples et des écoles préhispaniques, la destruction de codex à réinterpréter par des religieux espagnols, ne nous ont pas permis d'avoir une idée complète de la science, de l'art et de la culture préhispaniques. Mais là, sous les pierres, il doit encore y avoir de nombreux vestiges et informations en attente de déchiffrement.

Beaucoup de travail à faire pour les prochaines générations de chercheurs et de chroniqueurs de l'histoire.

SECTION F : Amérique latine

Révolutions et Indépendances

José Luis Rodríguez Alconedo

Par Joaquín Berruecos

Il y a une rue dans CDMX qui s'appelle l'article 123, et bien sûr il fait référence à ce qui est dans la constitution traitant de la question du travail, cette situation tellement modifiée, inconnue et piétinée par beaucoup de nos législateurs.

Autrefois la rue avait un autre nom et ce n'était que celui du caractère qu'elle occupe aujourd'hui. Quoi nous
Vous êtes-vous déjà demandé si vous saviez pourquoi nos rues sont nommées ou renommées ?

L'une des nombreuses intentions de notre plateforme KATHEDRA est d'"inciter" la population à découvrir, écrire et vidéo/partager avec tout le monde du contenu intéressant concernant le lieu où elle vit.

Et c'est pourquoi je vous envoie aujourd'hui la brève histoire d'un peintre d'origine créole, orfèvre, bon orfèvre, qui en plus d'être aussi un grand artiste, était un patriote, mais un patriote oublié, au point même de quoi, Comme je l'ai déjà écrit, ils ont même changé le nom de la rue qui l'avait, maintenant l'article 123.

Quoi je sais appelle

Machine Translated by Google

José Luis Rodríguez Alconedo (1761/1815) était un être agité qui, au plus fort de l'inquisition, a inventé deux hérésies : dire du mal de l'Église et dire du bien de la Révolution française.

Puis il est condamné et envoyé en Espagne où il réalise ses plus belles toiles, après une longue et intelligente défense pour se libérer, « avoue ses erreurs » et parvient à se faire pardonner, bientôt retourne dans son Mexique où bêtement, il entend réaliser l'indépendance par lui-même, raison pour laquelle il est de nouveau arrêté.

Libre en 1811, il rejoint le combat du général Rayón et profitant du fait qu'il sait travailler les métaux, il commence à fondre canons, arquebuses et couleuvrines, lorsque son général, qu'il a fidèlement soutenu, est vaincu, tombe prisonnier encore une fois mais cette fois déjà il ne parvient pas à s'échapper et est finalement fusillé dans les Llanos de Apam, un lieu célèbre pour ses pulques.
Alconedo, nous a laissé cet autoportrait au pastel, qui est considéré comme le meilleur de l'art néoclassique du XIXe siècle
Mexicain.

Près de deux siècles plus tard, ils ont rendu un peu justice à un personnage aussi intéressant et méconnu en donnant son nom à une rue de Mixcoac, qui est certainement une avenue.

Non c'est ongle génial

Aviez-vous entendu parler d'elle et... du personnage ? Savez-vous comment et pourquoi la rue où vous habitez s'appelle ainsi ?...

Le socialisme utopique comme modèle de l'intégration des États latino-américains

Basé sur l'histoire du mouvement ouvrier l latino-américain, Julio Godio. Nouvelle image éditoriale. Mexique 1980-1983

L'insertion de courants idéologiques et politiques dans les États relativement naissants d'Argentine, du Chili et du Mexique, mentionnés par ordre alphabétique, est le thème du livre de Julio Godio qui sert de base à cet essai. L'anarchisme et le socialisme entre les années 1850 et 1918 constituent la période d'étude.

Il convient alors de commencer par une définition de ces idéologies, mais il faudrait d'abord préciser que le champ d'étude se limite au mouvement ouvrier, bien qu'il y ait aussi des exemples dans l'histoire des nations qui nous disent que le socialisme est venu au pouvoir et Il a exercé avec plus ou moins de succès, comme Felipe Carrillo Puerto au Yucatán, Tomás Garrido Canabal el Tabasco, pour n'en citer que quelques-uns du début du XXe siècle.

« Et maintenant, puisque ce livre n'a pas besoin d'une introduction plus approfondie, le lecteur est laissé devant l'ouvrage, avec le devoir de le critiquer, puisqu'il traite d'un sujet qui nous concerne.

à tous : les luttes sociales » dit Godio, et à son exhortation nous devrons nous mettre au travail.

L'anarchisme est une doctrine politique qui place l'individu au-dessus de toute autorité, tandis que le socialisme cherche à ce que l'administration des moyens de production soit effectuée directement par la classe ouvrière, ce qui est soutenu du point de vue historique par l'étude du Capital de Karl Marx .

la longue marche

Godio commence par raconter les différences entre les Espagnols et les Lusitaniens par rapport aux Anglo-Saxons, les premiers apportaient encore des idéaux de chevalerie et d'aventure, leurs prêtres avaient des doutes sur ce qui s'était passé pour que les "fils d'Adam" soient arrivés dans ces des terres sans connaître les enseignements du christianisme, alors que ces derniers « étaient déjà gros de l'idéologie bourgeoise », c'est-à-dire qu'ils recherchaient la propriété sans aucun scrupule que les terres appartenaient déjà à d'autres.

Les Anglo-Saxons n'étaient pas intéressés à imposer leur idéologie, seulement leur domaine et peu leur importait, en termes d'analyse historique, que les indigènes, avec un sens plus humain que pratique, les aient aidés à tuer la faim avec leur maïs et leurs dindes, bien qu'ils le célèbrent toujours dans le rite annuel d'action de grâces.

Pour leur part, les Européens non insulaires ont au moins essayé d'importer des institutions telles que des écoles et des universités où il y avait de la place non seulement pour les créoles, mais aussi pour les métis et même pour certains descendants de nobles préhispaniques.

Au-delà des facteurs religieux, une batterie d'intellectuels latino-américains des XIXe et XXe siècles, dont Julio Godio, mais aussi le Péruvien José Carlos Mariategui, le Salvadorien Roque Dalton, l'Italien-Argentin José Ingenieros et le Buenos Aires Juan B Justo, ils analysait l'histoire à travers le prisme du verre socialiste, anarchiste ou marxiste.

Cependant, tous les courants idéologiques d'Amérique latine n'ont pas été importés d'Europe, Godio en énumère au moins 3 résolument autochtones, Batlismo, dont le nom est dû au président uruguayen José Batle, qui prêchait que les riches devaient être moins riches et les pauvres moins pauvres. croissance de la classe moyenne, ce qui pourrait être réalisé si l'État contrôlait les principaux moyens de production.

Le radicalisme en Argentine, d'après Leandro Alem contrairement aux conservateurs.

Et enfin la Révolution mexicaine, qui est plus paysanne qu'ouvrière et probablement différente de toute autre idéologie, puisque ce que Lázaro Cárdenas a prôné et plus tard tenté de consolider était une plus grande égalité des chances, d'éducation et de production pour les habitants de la campagne et de la société. .

Utopie et Révolution. le socialisme avant socialisme

Comme le socialisme et l'anarchisme, l'origine de l'utopie est européenne et il semble que les trois idéologies coïncident pour atteindre ce qui n'existe pas, à la différence que les deux premières le croient possible, un lieu dans le temps et dans l'espace où il y a pas de différences.

L'une des utopies, estime Julio Godio, était le bolivarisme car selon lui la fédération de divers États nationaux n'était pas possible, bien qu'il lui accorde un rôle réaliste, la nécessité d'une centralisation économique et militaire pour faire face à l'ennemi commun, l'empire espagnol pendant les guerres d'Indépendance.

Ces guerres d'indépendance en Amérique latine, loin de s'approcher du socialisme, visaient la privatisation, non seulement des biens de l'Église, qui à ces fins seraient corporatifs, mais même des biens communaux des peuples originels.

Mais si les moyens de production n'appartiennent plus à l'empire espagnol, en tout cas, sans cet encombrement, l'objectif des propriétaires terriens américains reste l'exportation vers l'Europe.

Vers le milieu du XIXe siècle, dans une grande partie de l'Europe, il y avait des gens libéraux qui ont précédé le Manifeste communiste et les études de Marx. Frederich Engels classait ces personnalités comme « socialistes utopiques » pour les distinguer des « socialistes scientifiques », qui avait déjà une doctrine méthodologique.

Depuis la Révolution française, un personnage du nom de Françoise Babeuf s'était révolté contre le Directoire et menait la "Conjuration des Égaux" qui proposait une jouissance égale. Un antécédent du communisme qui aurait dû transcender les groupes maçonniques qui ont mené les conspirations pour l'indépendance de l'Amérique latine. Pour synthétiser cette idéologie nous citons Godio :

La plate-forme théorique des utopistes repose sur ce postulat : le monde bourgeois est irrationnel et mérite d'être acculé parmi les rebuts inutiles de l'histoire, et si la raison n'a pas triomphé c'est que personne n'a su l'utiliser contre les injustices sociales.

Dans ce même chapitre sur l'arrière-plan des idéologies socialistes et anarchistes, il est fait mention d'Henri de Saint Simon, français, auteur des Lettres de Genève, qui soulignait que la suprématie de la noblesse et du clergé ne serait possible que lorsque les besoins de la classe a été rencontrée, les plus nombreux et les plus pauvres, qui ont été identifiés comme les « descamisados ».

Un autre personnage proto-socialiste cité par Julio Godio est Charles Fourier qui a classé l'histoire de la bourgeoisie en quatre étapes : Sauvagerie, Patriarcat, Barbarie et Civilisation, mais sans que cette dernière soit considérée comme une étape de la justice, mais comme une barbarie couverte d'un manteau. d'hypocrisie.

Enfin, et paradoxe de l'histoire, un autre socialiste avant le socialisme cité par Godio est un industriel, écossais pour être exact, Robert Owen qui n'a pas

Non seulement il n'acceptait pas l'exploitation de la classe ouvrière comme normale, mais il interdisait le travail des moins de 10 ans, réduisait la journée de travail de 14 à 10 heures, construisait des maisons pour les ouvriers et créait un système contre le chômage.

Avant Marx, Owen, qui a gagné la haine des autres industriels et du gouvernement lui-même, est arrivé à la conclusion qu'une grande partie de la richesse provenait du fait de faire travailler les gens plus longtemps qu'ils n'étaient payés. En récompense de son analyse, ses associés lui ont retiré ses parts dans la filature de coton dont il était associé.

socialisme sans classe ouvrière

Le troisième chapitre du volume I de l'Histoire du mouvement ouvrier latino-américain porte précisément ce nom, Socialisme sans classe ouvrière, et explique que déjà en 1845 la revue socialiste était publiée à Rio de Janeiro.

Certaines de ces idées ont dû influencer des personnages tels que Domingo Faustino Sarmiento, qui est devenu président de l'Argentine et les a appliquées dans le domaine de l'éducation, créant les premières écoles normales et écoles pour sourds-muets.

Une conclusion, peut-être évidente, mais que je considère opportune de souligner, c'est que la diffusion des idées socialistes en Amérique latine passe par le journalisme et les programmes éducatifs. Les deux activités, l'éducation et le journalisme, sont communes à plusieurs dirigeants latino-américains de la fin du XIXe et du début du XXe siècle, c'est pourquoi elles peuvent être considérées comme fondamentales dans le constitution des États nationaux et se distingue nettement des États d'origine anglo-saxonne.

Justo Sierra constructeur du
structure éducative du Mexique

Basé sur les sources directes compilées dans le livre Justo Sierra et le Mexique de son temps 1848-1912 par Claude Dumas, traduction du français vers l'espagnol Carlos Ortega. Direction générale des publications Université nationale autonome du Mexique. Deuxième édition 1992

L'image dessinée de Justo Sierra Méndez dans les principaux livres de la Commission nationale des manuels gratuits, dans lesquels la plupart des Mexicains du XXe siècle ont appris, est restée gravée à jamais dans l'esprit de beaucoup d'entre nous. Il représentait un homme mûr, avec une barbe abondante sur le menton, caressant la tête d'un enfant. Ce que nous ne pouvions toujours pas imaginer, c'est que cela aurait été un homme avec une si large contribution au changement du modèle éducatif au Mexique.

Avec le changement de modèle nous nous référons à celui des dogmes de la foi, qui avait prévalu au moins depuis le début de l'ère coloniale, à celui de l'enseignement par l'évidence des faits, qui caractériserait le positivisme, depuis la présidence de Benito Juárez

Dans l'introduction du livre Justo Sierra et le Mexique de son temps, Ernesto de la Torre Villar, chercheur principal à l'Institut de recherche historique de l'UNAM, parle du personnage qui a assumé les aspects positifs, fructueux et créatifs de son époque : la période de Porfirio Diaz et le début de la Révolution.

Se focaliser sur cette période de l'histoire à travers l'activité de Justo Sierra, permet de connaître les meilleurs efforts pour lutter contre l'extrême pauvreté dans une partie de la société, à travers la culture, les arts, le journalisme, la science et la prise de parole en public mais surtout l'éducation.

Le travail de Sierra peut être mesuré qualitativement et quantitativement. En 1874, lorsque l'école primaire fut rendue obligatoire, Justo Sierra écrivit dans
Le Fédéraliste :

Sanctifions l'Ecole en l'ouvrant à tous vents, comme le temple du genre humain. Mettons sur un autel ce saint de la démocratie appelé l'instituteur...

Justo Sierra était le président du premier congrès de l'instruction publique, tenu entre décembre 1889 et mars 1890, où quatre années d'enseignement primaire étaient obligatoires, et deux années supplémentaires pour ceux qui voulaient participer au niveau d'enseignement supérieur.

Dans ce même congrès, l'enseignement dispensé par l'État était défini comme laïque : « l'école publique ne peut pas parmi nous ne pas être laïque », a déclaré Sierra, malgré le fait qu'il ait été éduqué dans une famille de tradition catholique.

L'argument d'apprendre à apprendre, présenté en 2017 comme la grande contribution de l'administration de
Enrique Peña Nieto, était à la base du projet éducatif mexicain depuis au moins 120 ans, quand Enrique
Rébsamen était président du congrès des éducateurs, qui refusait déjà de considérer l'élève comme sujet

passif, et la répétition de textes jusqu'à leur enregistrement en mémoire, comme méthode pédagogique.

L'avocat, journaliste et enseignant a été l'un des contributeurs pour que les femmes, qu'il jugeait instinctivement qualifiées pour l'enseignement, accèdent pour la première fois massivement à la vie professionnelle.

« En 1900, semble-t-il, 91 % des étudiants normaux du pays étaient des femmes. En 1907, sur les 15 525 enseignants, seuls 23 % étaient des hommes. En moins de 30 ans, le métier d'institutrice était devenu une activité féminine »x

Antécédents

Sierra Méndez - il est important de mentionner ses deux noms puisque son père Justo Sierra O'Reilly a aussi une place dans l'histoire du Mexique - est née à Campeche à une époque où la guerre des castes nous faisait penser que la péninsule en ferait partie des États-Unis puisque les classes les plus privilégiées estimaient que le gouvernement mexicain ne leur fournissait pas les ressources nécessaires à leur défense.

Sous le régime porfirien, Justo Sierra Méndez en vint à considérer le dictateur comme un mal nécessaire, précisément pour que les États-Unis n'aient plus la faiblesse de la nation mexicaine comme prétexte à une nouvelle invasion.
Pour cette raison même, Sierra Méndez a exprimé une sorte de pitié étrangère pour le fait que son père, Sierra O'Reilly, s'était à un moment donné prononcé en faveur de cette annexion.

> Parce que nous sommes tous pleinement conscients que beaucoup a dû être censuré dans la vie politique du brave homme que vous commémorez aujourd'hui ; mais rien, aucune erreur, aucun effort, aucune faute qui ne soit motivée par l'amour, l'amour profond et passionné pour le Yucatan...

Nous considérons qu'il est pertinent d'enregistrer ce fait à partir de l'approche pédagogique de cet essai car la langue est la culture. En tant que descendant irlandais, Justo Sierra O'Reilly parlait couramment l'anglais. Né en 1814, alors que l'indépendance n'était pas encore consommée et que la capitainerie générale du Yucatán (également composée de Quintana Roo et Campeche) était encore considérée comme faisant partie de la vice-royauté de la Nouvelle-Espagne.

Près de quatre siècles après la chute de Tenochtitlán, le Yucatán n'était toujours pas complètement conquis et la guerre des castes en est la preuve. Sierra O'Reilly appartenait à cette race blanche qui se sentait en danger d'extermination et son voyage aux États-Unis était dû à ce besoin de se protéger.

Le gouvernement centraliste de Santa Ana n'a pas contribué au fait que dans la péninsule ils se considéraient comme protégés par le Mexique et ils ne pensaient pas être autonomes pour se protéger de l'assaut des Mayas. O'Reilly, en tant qu'anglophone, n'avait aucune raison d'hésiter au milieu du XIXe siècle dans ce qui semblait la seule voie possible : la protection yankee.

Après tout, le concept de nation mexicaine n'était pas encore enraciné. Il fallut encore plus d'une décennie avant que Maximilien ne devienne empereur, ce qui

qui s'est produit en mai 1864, lorsque Justo Sierra Méndez était un adolescent de 16 ans, étudiant à Mexico et trois ans après avoir été orphelin de son père.

Les expériences éducatives de Justo Sierra

Bien qu'à un moment de son enfance, Justo Sierra ait reçu une éducation d'un enseignant libéral, Eulogio Perera Moreno, qui avait une petite école privée, cela a dû se produire à la fin de l'école primaire, mais avant cela, il a été soumis aux horreurs de la "lettre avec du sang entre", comme il l'a raconté dans son livre La Educación Nacional :

L'image sinistre de la vieille école, le cauchemar constant des enfants de mon temps... le programme d'enseignement détestable de la grammaire qui nous a coûté tant d'efforts et tant de larmes inutiles... les peurs passées inspirées par les dominos qui nous ont appris et nous frappait quand on ne savait pas les leçons qui n'avaient pas de sens pour nous et qu'il fallait répéter à la lettre, utilisant les meilleures heures de la vie dans des exercices purement mnémoniques

Ils se réfèrent à des anecdotes racontées dans le livre de Dumas, par les fils de Justo Sierra, selon lesquelles leur père s'est révélé à cette forme d'étude et ce n'est que jusqu'à l'examen qu'il a commencé à étudier les manuels correspondants qui lui ont permis de réussir avec de très bonnes notes. et mentions.

honorifique. Cependant, cela agaçait ses professeurs, qui se plaignaient que le garçon Sierra Méndez recevait des mentions honorables sans avoir souffert pour les obtenir.

Positivisme et projet pédagogique pour la nation mexicaine

En même temps que Justo Sierra subissait les intempéries de l'enseignement primaire scolaire, Gabino Barreda était à Paris, étudiant la médecine. Là, il a appris la doctrine du positivisme qui serait à la base de la première réforme structurelle de l'éducation.

Gabino Barreda (à ne pas confondre avec Gabino Barrera, avec ere, qui selon la chanson populaire mexicaine ne comprenait pas les raisons quand il était ivre) avait commencé des études de droit au Mexique, mais sa passion pour les sciences naturelles l'a amené d'abord à étudier la chimie et puis de s'inscrire à l'École de médecine en France, le pays où il se trouvait lors de l'invasion des États-Unis et où il a assimilé l'idéologie du créateur du positivisme, Auguste Comte.

Extrait du livre Le Mexique, de l'Ancien Régime à la Révolution de François-Xavier Guerra. Fondo de Cultura Económica 2016, nous prenons cette citation:

> « De retour au Mexique, médecin et professeur, fréquente impuissants et non engagés dans les guerres de Réforme et d'Intervention. Il est sans doute convaincu à la fois de l'inutilité et de la nécessité de ces luttes, et de la primauté de l'action culturelle. Il le manifestera plus tard : << Les opinions des hommes sont et seront le motif de toutes leurs actions. Ce médium (la réforme de l'éducation) est sûrement lent, mais qu'importe, si

sommes-nous sûrs de son importance ? >> C'est écrit dans une lettre adressée à Mariano Riva Palacio datée d'octobre 1870.

Avant que Benito Juárez n'assume la présidence, l'éducation publique était basée sur le spiritisme. Sa transformation était un défi majeur si l'on considère un pays dévasté par la guerre et avec trois siècles de colonialisme basé avant tout sur l'imposition de la foi catholique.

Il est à noter que le ministère de la Justice et le ministère de l'Éducation incombaient à la même personne, Juárez a nommé Antonio Martínez de Castro à ce secrétariat, qui a créé une commission pour la réforme de l'éducation, dirigée par Gabino Barreda.

De là découlent les lois organiques de l'instruction publique du 2 décembre 1867 et du 15 mai 1869. Justo Sierra avait respectivement 19 et 21 ans à l'époque. Encore étudiant en droit, il avait deux ans pour obtenir son diplôme.

Pour Gabino Barreda, la morale est inoculée par l'éducation avec les sciences utiles, par opposition aux sciences spéculatives, comme la religion.

Ongle Remarque dans la Wikipedia (https://es.wikipedia.org/wiki/Positivismo_en_México) dit que lorsque Gabino Barreda a prononcé un discours à Guanajuato en 1867, Benito Juárez était dans le public. L'année suivante, déjà président, décrète la création de l'École préparatoire nationale et nomme Barreda son premier directeur.

Gabino Barreda considérait le clergé et l'armée comme des représentants des forces négatives. Cela aurait pu influencer l'esprit de Juárez pour lui confier un projet éducatif.

François-Xavier Guerra dit dans l'ouvrage cité :

> Le positivisme mexicain, avant d'être défini comme L'idéologie d'une faction politique du Porfiriato est celle de la génération étudiante de la "République restaurée". Ses membres sont unis par des relations personnelles régulières et souvent par l'amitié. Avant même d'être une idéologie, avec tout ce que le mot implique de réflexion et de cohérence, le positivisme correspond au changement de sensibilité des libéraux vainqueurs.

On se trouve alors que pour les besoins de l'éducation au Mexique, la doctrine positiviste entre en action avant le porfirianisme.

Si l'École préparatoire nationale va être l'héritage de la Réforme et du Juarismo, dirigé par Gabino Barreda, l'Université nationale va être un héritage du Porfirismo et de l'homme qui considérait Porfirio Díaz comme un mal nécessaire pour maintenir l'ordre, même s'il était autant que l'essentiel pour éviter de subir une nouvelle invasion américaine qui engendrerait à nouveau le chaos. Cet homme est Justo Sierra.

L'éducation définit la nation

C'est 10 ans après avoir obtenu sa licence en droit, en 1881, que Justo Sierra, en tant que député, présente et fait approuver l'initiative de rendre l'enseignement primaire obligatoire. Cette année-là également, il fit la proposition de l'Université nationale qu'il ne réalisa que le 22 septembre 1910, deux mois seulement avant la date officielle du début de la révolution mexicaine.

Cependant, depuis cette année de 1881, lorsqu'il a présenté le projet de loi sur le caractère obligatoire de l'enseignement primaire, jusqu'à peu de temps avant sa mort en 1912, Justo Sierra occupe la majeure partie de ces 31 années à construire la structure éducative de la nation mexicaine.

En 1994, le candidat présidentiel du PRI, Luis Donaldo Colosio, a prononcé un discours dans lequel il a déclaré "Je vois un Mexique affamé et assoiffé de justice". Certains considéraient que ces paroles s'inspiraient du rêve de Martin Luther King. La vérité est que Justo Sierra l'a dit 102 ans auparavant et soit parce qu'il ne le savait pas, soit parce que les membres du PRI n'accordent généralement pas de crédit aux sources primaires, soit parce qu'il n'était pas approprié qu'un "révolutionnaire" s'inspire d'un positiviste depuis Don Porfirio, personne ne l'a lié au fondateur de l'Université nationale.

« Le Mexique est un peuple affamé et assoiffé. La faim et la soif qu'il a ne sont pas de pain ; Le Mexique a faim et soif de justice", sont les mots prononcés par Justo Sierra dans son discours à la Chambre des députésxi

L'étendue de l'œuvre de Sierra est telle que pour sa compréhension elle a été classée en 14 volumes dans l'édition réalisée par l'UNAM en 1948 pour commémorer le centenaire de sa naissance : I Poésie, II Prose littéraire ; III Critique et articles littéraires ; IV Voyages, V Discours, VI Journalisme Politique, VII El Extérieur, IX Essais; X Histoire de l'Antiquité ; XI Évolution politique du peuple mexicain ; XII Juárez son œuvre et son temps et XIII Épistolaire et papiers privés, que nous énumérons dans l'ordre consécutif de leur publication.

Nous laissons de côté le tome VIII, La Educación Nacional, car il rassemble le travail qu'il a fait sur le sujet pendant le Porfirio Diaz.

Sierra promouvait des réformes dans les jardins d'enfants, concevait des universités pour les enseignants, favorisait les beaux-arts et la musique comme carrières dans l'enseignement supérieur et réorganisait les programmes de médecine, de jurisprudence et d'ingénierie, en plus de promouvoir l'étude de l'archéologie. .

Tout cela aurait dû être ignoré, ou du moins ignoré lorsque l'auditorium de la Ciudad Universitaria qui porte son nom a été repris en 2000 pour le remplacer par celui d'Ernesto Guevara.

En tant qu'avocat, Justo Sierra considérait que la justice dépendait en grande partie de l'éducation des enfants car cela éviterait de punir les adultes. je pensais que le

Les entrepreneurs ont été "les premiers obligés de soutenir les centres de recherche, d'éducation, de culture et des beaux-arts".

Ce qui a été pensé au Mexique et pensé pour le Mexique a transcendé les frontières ou du moins c'est ce qui lui a valu le titre de Maître de l'Amérique. une différence

qui date de 1948, à l'occasion du centenaire de sa naissance et qui était une initiative de l'Université de La Havane à laquelle d'autres du continent se sont joints.

L'une des filles de Justo Sierra était María de Jesús Sierra Mayora, mère de Javier Barros Sierra, ingénieur et mathématicien, qui deviendra, pour sa défense de la souveraineté universitaire en 1968, l'un des recteurs les plus appréciés de l'histoire de l'autonomie nationale. Université du Mexique.

SECTION G : Le Capital de Marx et des idées Politiques du XIXe et du début du XXe siècle

Huberman, Leo, Les biens terrestres de l'homme. Histoire de la richesse des nations

Du féodalisme au capitalisme, avec les croisades comme charnière

Du livre dans Ediciones Génesis, Bogotá. Novembre 2005 et disponible en ligne sur http://es.slideshare.net/PaulaAlvaradoZabala/los-bienes-terrenales del-hombre-original

Dans le premier chapitre de son ouvrage, Huberman divise les classes sociales à l'époque féodale en trois :

1. Clercs

deux. guerriers et

3. ouvriers

Les deux premiers appartenaient à la classe supérieure et le dernier à la classe inférieure. La plupart d'entre eux auraient dû se consacrer aux travaux agricoles, même si en plus des bergers et des semeurs, quelqu'un devait faire d'autres tâches comme les forgerons, soit pour forger des épées, soit pour préparer l'enclume pour les charrues.

En Europe, qui sert d'espace géographique pour cette étude, ils ne connaissaient pas grand-chose à la rotation des cultures, ils n'avaient donc généralement que du blé et de l'orge. Par tradition, le domaine de chaque seigneur féodal était divisé en trois zones où du blé a été semé, le cycle suivant de l'orge a été cultivé, et vice versa. Le troisième était en préparation de la jachère.

Le seigneur féodal vivait dans le palais fortifié et les serviteurs dans des huttes. La méthode de travail ne s'appelait pas esclavage; mais il lui ressemblait parce que le paiement était en nature, avec le fruit de la récolte qui était produit en petites parcelles. Cependant, contrairement à ce qu'ils feraient au stade capitaliste avec la traite des êtres humains, les familles restaient ensemble, alors que dans l'esclavage formel, elles pouvaient être vendues par lots, ensemble ou séparément.

Huberman parle aussi de catégories au sein de la classe ouvrière, car alors que les journaliers ne travaillaient que pour se nourrir, et que les serfs se voyaient attribuer un lopin de terre pour subvenir aux besoins de leur famille, les méchants disposaient d'une certaine autonomie.

Et bien que contrairement aux esclaves, les serfs n'étaient pas séparés de leurs familles, au contraire ils ne pouvaient pas épouser des personnes d'autres fiefs si ce n'était avec une autorisation spéciale.

La mesure de la richesse

dit Huberman :

> Aujourd'hui, la terre, les usines, les mines, les chemins de fer, les navires et les machines de toutes sortes sont nécessaires pour produire les articles que nous consommons, et que nous disions qu'un homme est riche ou non dépend de la quantité d'entre eux qu'il possède. Mais dans les siècles féodaux, la terre produisait pratiquement tous les produits nécessaires et donc la terre, et seulement la terre, était la clé de la fortune d'un homme. La mesure de la richesse de quelqu'un

il était alors déterminé par une seule chose, la quantité de terres qu'il possédait.

Ainsi, la lutte pour la richesse était intrinsèquement liée à la lutte pour la terre, et la lutte implique la guerre. Pour gagner la guerre, une des conditions était d'avoir le plus grand nombre de combattants et pour y parvenir, une portion de terre était donnée en récompense.

De cette façon, les rois ont gagné la loyauté des seigneurs féodaux qui ont non seulement envoyé leurs hommes, mais aussi les armes et armures nécessaires pour les équiper pour la guerre.

Afin d'empêcher que les terres données par le monarque n'atteignent d'autres personnes qui n'étaient pas ses préférées, en cas de remariage d'une veuve, la nouvelle épouse devait prêter serment d'allégeance au roi, sinon elle pouvait payer un impôt et cela donnait lui donne le droit d'épouser qui elle veut.

L'Église fondait aussi sa fortune sur la possession de la terre, avec parfois un usage plus social que celui que pouvait exercer la noblesse.

Aux débuts du féodalisme, l'Église avait été un élément actif et progressiste. Il avait conservé une grande partie de la culture de l'Empire romain. Il a encouragé l'enseignement et créé des écoles. Il a aidé les pauvres, s'est occupé des enfants sans abri dans ses orphelinats et a fondé des hôpitaux pour les malades.
En général, les seigneurs ecclésiastiques (l'Église) géraient mieux leurs domaines et tiraient plus de leurs terres que la noblesse. Mais la peinture avait un autre côté.

Tandis que les nobles se répartissaient leurs domaines pour s'attirer des partisans, l'Église acquit de plus en plus de terres. L'une des raisons pour lesquelles il était interdit aux prêtres de se marier était simplement que les chefs de l'Église ne voulaient perdre aucune terre de l'Église par l'héritage des enfants des fonctionnaires.

En retour, l'Église en bénéficiait plus que l'État car même les vilains, qui étaient exclus de certaines obligations avec les seigneurs féodaux, devaient payer 10 % de toute leur production, et cela comprenait tout, des plumes d'oies à la laine de ses moutons. .

Huberman dit que ne pas payer l'église était beaucoup plus cher que n'importe quel impôt de tous les temps, puisque l'amende consistait en une condamnation éternelle à l'enfer.
Certains historiens s'accordent, ajoute-t-il, pour dire que l'Église aidait les pauvres et les malades, mais d'autres étaient pires et plus cruels que les laïcs.

Ces critiques de l'Église disent aussi que si l'Église n'avait pas exploité si durement ses serviteurs, si elle n'avait pas tiré autant de la paysannerie, il y aurait eu moins besoin de tant de charité.

Naissance du gouvernement et antécédents du capitalisme

Les artisans existants donnaient leur produit aux seigneurs féodaux eux-mêmes ; plus que le commerce, il pouvait y avoir échange de surplus ou troc, des vêtements de laine contre des litres de vin, par exemple.

Les croisades ont eu besoin de marchands, puis divers ravitaillements devaient être donnés aux aventuriers.

Leur demande a créé un marché pour ces choses. De plus, il y a eu une forte augmentation de la population après le 10ème siècle, et cette population supplémentaire a nécessité de la nourriture supplémentaire. Beaucoup de jeunes générations étaient des sans-terre qui voyaient dans les croisades une opportunité d'améliorer leur position dans la vie.

Ce n'est pas un hasard si le passage du féodalisme au capitalisme s'est produit à Venise et en Flandre si l'on tient compte du fait que si certaines nations européennes ont participé à des expéditions au Moyen-Orient par ferveur religieuse, dans ces cités-États, elles en ont profité économiquement. En 1201, un contrat fut signé qui avait les Vénitiens comme fournisseurs d'un navire de 4 500 chevaux et du même nombre de chevaliers, chacun portant en moyenne deux écuyers. De plus, 20 000 fantassins qui fourniraient de la nourriture.

Le paiement consisterait en la moitié du butin :

On peut voir dans le document que si les Vénitiens étaient disposés à aider la croisade "pour l'amour de Dieu", ils ne laissèrent pas ce grand amour les aveugler au point de renoncer à une part importante du butin. C'étaient de grands hommes d'affaires.

Ce sont les premières étapes de la transition du féodalisme à la renaissance. Quelques années

Plus tard, des équipes de capitalistes se sont formées, chargées de financer les expéditions commerciales et les navires avec un intérêt de 25% par an, ce qui, soit dit en passant, était bien inférieur à ce que les usuriers factureraient aux personnes ayant moins de revenus. Le surplus de capital dont disposaient les Vénitiens et qu'ils investirent dans la rénovation de leur ville, qui jusqu'au début du XXIe siècle était considérée comme l'une des plus belles de la planète, en dépendait, ce qui explique en partie Le Marchand de Venise, par William Shakespeare.

Les croisades, on peut en conclure, ont été pour ces raisons celles qui ont marqué le début de la transition du théisme à l'humanisme, et accessoirement, au capitalisme.

L'âge de la bourgeoisie

Crise et dénouement des révolutions de 1848

Le livre de Guy Palmade, auquel collaborent également les Français Patrick Verley et Jean-Pierre Daviet, place l'année 1848 comme centre de l'action et l'Europe comme décor. L'auteur prévient que si toute sélection est arbitraire, c'était une année cruciale pour une partie de l'Europe et ce qui s'y est passé a eu des répercussions dans d'autres parties du monde, même s'ils ont voulu éviter une vision eurocentriste.

Pour nous situer dans le temps et l'époque, il nous rappelle que c'était le temps d'un personnage universel comme Jules Verne ; le début de la ruée vers l'or en Californie et l'ouverture des pays d'Extrême-Orient au commerce international.

En 1848, le manifeste communiste de Carl Marx et Friedrich Engels est publié. Cette même année, la prolétarisation d'une grande partie de la société et le développement des communications, tant par train que par télégraphe, contribuent à diffuser ces idées, ainsi que celles du socialisme utopique, parmi lesquelles se distinguent les Français Proudhom et Louis. .

Les révolutions de 1848

La hausse des prix en France et la peste de la pomme de terre en Irlande, qui a provoqué la famine parmi la population, ont été des précédents pour ces mouvements sociaux.
L'ancien régime, comme on appelait la forme de gouvernement avant la Révolution française, essayait de se rétablir.

En 1848, Louis Napoléon Bonaparte est arrivé au pouvoir en tant que président. Bien que trois ans plus tard, il fut proclamé empereur

Dans le cas de la France, un secteur identifié à la noblesse, appelé la Haute Bourgeoisie, se disputait l'hégémonie politique avec un autre groupe social moins puissant appelé la Petite Bourgeoisie.

En Allemagne, l'appel à une Assemblée constituante a provoqué des batailles de rue (quelque chose qui rappelle le Venezuela en 2017). En 1849, une monarchie constitutionnelle a été proposée dans la Constitution de Francfort, qui a été rejetée par le roi de Prusse et plusieurs princes.

Au Danemark, au contraire, une monarchie constitutionnelle se forma, sous laquelle le peuple du Schleswig fut incorporé : mais comme ses habitants se considéraient plus allemands que danois, ils s'y opposèrent, avec l'appui de la Prusse.
Il a fallu attendre la Première Guerre mondiale pour que cette annexion se produise, à la suite de la défaite de l'Allemagne.

En Autriche, gouvernée par les Habsbourg, il y a eu diverses révoltes populaires liées aux groupes ethniques qui revendiquaient l'autonomie ou la souveraineté, parmi lesquels les

Slaves, Slovaques, Croates, Bosniaques et Serbes. Les tentatives d'unification allemande ont contribué à ces révoltes, puisque beaucoup d'entre elles étaient des sujets des Habsbourg.

En Espagne, il y a également eu des émeutes de rue contre le président du Conseil des ministres, Ramón María Narváez. Il y a eu des tentatives de révolutions à Madrid, Barcelone et Valence qui ont eu lieu en mars 1848, à Séville le 13 mai et de nouveau à Barcelone le 30 septembre. Elles ont été réprimées.

A cette époque, précise l'auteur de L'âge de la bourgeoisie, la population européenne représentait environ un cinquième de la la population mondiale.

Quant à la suprématie de l'Europe, selon l'auteur, elle s'explique en partie par leur technologie navale qui les a amenés à explorer et à étendre des territoires hors de leur continent. Au milieu du XIXe siècle, les colonies des empires espagnol, portugais, néerlandais, britannique et français ont été préservées.

Des bateaux à vapeur reliaient déjà Liverpool et Boston. La disponibilité alimentaire a augmenté en Allemagne, en France, en Angleterre et aux Pays-Bas, à la fois grâce au travail agricole et à l'élevage. La société rurale s'enrichit et commence à former la petite bourgeoisie.

Mais cela provoque aussi une accumulation de richesses, vers 1845, dit Guy Palmade, 2 mille seigneurs possèdent la moitié des terres anglaises.

Les propriétaires des nouvelles fortunes, nées du capitalisme commercial ou industriel, se précipitent aussi pour s'installer et investir dans le foncier, ce qui, avec d'autres

Des mécanismes unificateurs, tels que l'éducation, tendent à lier étroitement les fils de propriétaires (squires) et les hommes d'affaires en une classe homogène de propriétaires.

En Hongrie, la famille Esterhazy possède 231 000 hectares peuplés de 700 000 personnes.

Le chemin de fer, tout en préparant l'avènement des marchés nationaux, tend à rompre l'isolement des marchés nationaux, tend à rompre l'isolement des groupes humains, à élargir leurs horizons, à multiplier leurs contacts et à faciliter leurs déplacements. Les débuts de la production de masse offriront aux consommateurs populaires une gamme plus riche d'articles moins chers.

Socialisme utopique, romance ou science ?

Mais en même temps les artisans et les travailleurs à domicile sont réduits à devenir des salariés. Il en va de même pour les anciens propriétaires de petits ateliers.
L'industrie devient une rude concurrence, en particulier pour les tisserands.

L'augmentation de l'alimentation dans le premier tiers du XIXe siècle, ainsi que les mesures sanitaires qui réduisaient les épidémies, avaient été favorables à l'augmentation de la population. L'industrialisation crée des emplois dans les villes et les masses paysannes afflueront vers elle. Dans le même temps, le capital recherche des profits plus élevés avec moins d'investissements.

Bien que des lois aient commencé à être incorporées qui, pour 1824 et 1825, autorisaient les syndicats ouvriers, les villes n'étaient pas préparées à recevoir des contingents aussi importants et des zones d'appauvrissement ont été créées. La famine en Irlande est un autre facteur qui crée des vagues de migration vers l'Angleterre.

C'est le contexte de la publication du Manifeste communiste

Il y a quelque chose de romantique dans cette certitude prophétique que manifestent à chaque occasion les fondateurs d'un socialisme qu'ils qualifient pourtant de « scientifique ». Le romantisme imprègne, de manière plus ou moins diffuse, la mentalité collective de l'époque : il est une composante essentielle de "l'esprit du 48"

La crise de subsistance avait commencé en 1845 en Irlande mais touchait aussi la Flandre. Les récoltes céréalières ont alors été réduites. Les importer de régions lointaines n'était pas non plus une solution car cela impliquait des prix inabordables pour la majorité de la population. La spéculation est la réaction d'un parti, le pillage des granges, celle d'un autre.

En 1847 les récoltes s'améliorent à nouveau, cependant l'accumulation des agacements provoque des révoltes populaires. L'expansion des chemins de fer suppose un optimisme excessif dans l'avenir, des obligations sont émises qui n'allaient pas pouvoir être soutenues par le marché.

La peur de l'inconnu, la subversion et la guerre sèment la panique dans la bourse et les finances, elle paralysait les achats et le crédit et bloquait l'activité industrielle. Avec la misère chronique en toile de fond, le chômage aggrave les conditions de vie des classes populaires

Les crises, selon Marx, n'ont pas une cause unique. En 1848, en même temps que certains secteurs réalisaient une suraccumulation de capital, les masses n'avaient pas assez de pouvoir d'achat.

Selon Marx lui-même, les crises sont la conséquence des contradictions du système lui-même. Ainsi, l'expansion du chemin de fer, du télégraphe, l'augmentation des récoltes et de l'industrie ont créé des attentes qui ne se sont pas réalisées plus tard. La recherche de meilleures conditions politiques et économiques pour les masses a provoqué l'apparition simultanée de ces révolutions dans diverses nations européennes.

Cependant, il y avait aussi une cause commune pour le rétablissement de la bourgeoisie en tant que classe dirigeante. L'économie était soutenue par l'argent et l'or. Entre 1848 et 1853, des mines d'or ont été découvertes consécutivement dans Californie, Canada, Australie et Nouvelle-Zélande. Cela a augmenté la masse monétaire.

L'intéressant consiste en ce que le bénéfice des empires a été obtenu des colonies. L'Angleterre, par exemple, a investi dans les chemins de fer mexicains et dans d'autres pays d'Amérique latine. Cela a accru les différences entre les classes sociales, le ressentiment et la marginalisation.

L'ancien régime, représenté en Europe par la monarchie, au Mexique était le porfirismo. mec palmade dit que plus à cause de la tendance des gouvernements à protéger les classes privilégiées qu'à cause de leur mauvais cœur, cela provoque l'indignation populaire

Ainsi, pour les mêmes raisons, ou des raisons très similaires, que les révolutions ont balayé l'Europe en 1848, la guerre d'indépendance aura lieu à Cuba en 1895 et au Mexique la révolution de 1910. Et dans tous les cas par les mêmes acteurs, le milieu les classes éclairées et la petite bourgeoisie.

Lucas Alamán et l'Organisation des États
Les Américains un siècle avant leur existence

Basé sur Lucas Alamán, Historia de México
V.Agüeros y Comp., Publishers, 1883. Disponible gratuitement en ligne via la collection américaine de la bibliothèque de Harvard https://archive.org/details/historiademexic02alamgoog

Mexicain et fils d'Espagnols, Lucas Alamán est né en 1792, il était adolescent au début de l'Indépendance du Mexique et a vécu de près l'un de ses premiers événements, le pillage et la violence de la prise de contrôle de l'Alhóndiga de Granaditas.

Avant la consommation de l'indépendance, Alamán était un député représentant la province de Nueva Galicia, qui comprenait ce qui allait plus tard, maintenant comme la République mexicaine, inclure les États côtiers avec l'océan Pacifique de Jalisco, Nayarit, Sinaloa et Sonora, ainsi que de San Luis Potosí.

Son idéologie conservatrice l'a amené à être un partisan des empires. Il a travaillé pour Agustín de Iturbide, en tant que ministre de l'Intérieur, entre 1823 et 1825. Après la perte du Texas en 1836, il a continué en tant que fonctionnaire du gouvernement dans le rôle de directeur du Conseil de développement, mais à ce moment-là, son travail en tant que fonctionnaire et plus actif en tant qu'historien.

Sa position politique en tant que fondateur et membre du Parti conservateur mexicain ne doit pas l'empêcher de valoriser sa position progressiste et intégratrice sur la scène internationale. Comme José Martí à Cuba, Lucas Alamán a recherché l'intégration latino-américaine à travers un programme qu'il a appelé le Pacte familial.

Pour cela, il a utilisé deux ministres plénipotentiaires : Manuel Díez de Bonilla, qui a promu les relations commerciales avec l'Amérique centrale et la Colombie, et Juan de Dios Cañedo, qui a conclu des accords de commerce, d'amitié et de navigation avec plusieurs pays d'Amérique du Sud.

L'Assemblée hispano-américaine promue par Lucas Alamán ne se consolida pas en raison des divisions que le Mexique continua de subir jusqu'à sa mort en juin 1853, mais ce fut sans aucun doute un précédent pour l'intégration de l'Organisation des États américains (OEA), qui fut finalement cas intégré un siècle plus tard, en 1948.

Au moment de sa mort, Lucas Alamán était ministre des Affaires étrangères du Mexique au nom du président Antonio López de Santa Ana.

Une pneumonie a été la cause de sa mort, à 60 ans, le 2 juin 1853.

El México con j de Lucas Alamán et son engagement dans l'histoire

C'est ainsi qu'il commence son Histoire du Mexique :

DANS LES DEUX ANNÉES 1844 et 1845, j'ai utilisé les périodes de repos que mes obligations multipliées me laissaient pour présenter dans une série de dissertations, dont deux volumes ont ensuite été publiés, les principaux faits liés à la conquête du Mexique par les Espagnols, à la l'établissement de son gouvernement et de la religion catholique que ses ministres ont propagée, et à la formation et au progrès de la capitale. Ce travail m'a semblé nécessaire, car j'ai vu le peu de connaissances que l'on avait

de ce genre de notions, si indispensables dans un pays où tout ce qui existe tire son origine de cette prodigieuse conquête, et le grand public reçut avec appréciation cet ouvrage qui ne manqua pas de bien produire, rectifiant quelque peu les idées qu'il avait subi des pertes notables. Je m'apprêtais à poursuivre la publication du troisième volume, qui devait contenir l'histoire condensée de l'administration espagnole au cours des trois siècles qu'elle a duré, se terminant par la présentation de l'état dans lequel se trouvait le royaume de la Nouvelle-Espagne, au début de la révolution qui a fait oublier ce nom, en y substituant celui de Mexico, mais la série ininterrompue de bouleversements politiques qui ont suivi depuis ont empêché ma tentative de se vérifier.
Je me suis donc réservé de continuer cette publication dans des circonstances moins hasardeuses, comme j'ai commencé à le faire, en donnant plus de longueur et d'ampleur à mon plan initial, mais comme je n'ai pas considéré les dissertations comme plus que des introductions à l'histoire de l'indépendance, écrire ceci a été l'objet final de mes tâches.

Et plus tard ses raisons d'historien :

Par contre, je vois que tous ceux de mes contemporains qui auraient pu traiter correctement ce sujet disparaissent sans rien laisser d'écrit : que tout ce qui a été publié jusqu'à présent sur les événements de cette importante période est truffé d'erreurs, certains d'entre eux fils de l'ignorance, d'autres de la mauvaise foi et des vues sinistres des écrivains, qui ont tous été emportés par l'esprit de parti, comme il arrive presque toujours chez ceux qui écrivent, la haine des factions auxquelles ils ont appartenu. sont encore récents. Pour toutes ces raisons, il m'a semblé que je devais m'occuper de cette partie de notre histoire, de préférence à la suite des dissertations, que je ne quitterai cependant pas main dans la main, avant que le temps ou la santé ne me manquent, et les tombes descendent avec moi dans la tombe. nouvelles que j'ai recueillies avec tant de diligence (sic), laissant à défaut d'elles l'histoire du Mexique, à partir de l'année 1808, réduite comme elle l'est aujourd'hui, à des relations fabuleuses et ridicules. contes, avec lesquels on a tellement altéré la vérité des choses, que la génération qui se forme, et dans laquelle peu restent puisqu'ils savent vraiment comment les événements se sont déroulés, procède avec les idées les plus déplacées, ce qui engendre des maux de la plus haute importance

Le positivisme comme philosophie pour créer l'histoire du futur en réformant l'éducation... et son influence sur les "Scientifiques" Mexicains

Basé au Mexique, de l'Ancien Régime à la Révolution de François Xavier Guerra. Fonds Culture Economique **2016**

Le positivisme est la doctrine idéologique dominante du régime porfirien et d'un groupe identifié par la presse de l'époque comme les « savants ». Cela fait partie de la période de construction de l'État mexicain et bien qu'au fil du temps les positivistes aient été identifiés comme des défenseurs du régime dictatorial, la vérité est qu'il s'agissait d'une idéologie libérale, tendant à construire la démocratie, principalement à travers l'éducation.

Bien que le positivisme tente de réorganiser la vie en société par des méthodes scientifiques, toutes ne peuvent être classées sous le qualificatif, plutôt de nature politique, de « scientifique ». Même ainsi, les deux groupes partageaient des idées libérales.

Scientifiques, positivistes, ou les deux groupes, ils avaient sans doute en commun d'appartenir à une élite libérale et économique, mais il y avait des nuances car certains étaient des libéraux orthodoxes, et d'autres des libéraux scientifiques.

Les libéraux orthodoxes pourraient se distinguer de ces derniers en justifiant la nécessité d'un dictateur comme un coût inéluctable « pour mettre fin au mécanisme de l'insurrection au nom de la volonté du peuple », selon Guerra dans le chapitre de son livre : Les intellectuels et l'idéologie.

Ces mêmes libéraux orthodoxes, dont certains appartenaient à des clubs d'amis du président Díaz, utilisaient ces termes pour le désigner :

- Francisco G. Cosmes : Une honnête tyrannie
- Emilio Rabasa : la dictature démocratique
- Francisco Bulnes : Une bonne dictature

Au sein des deux courants, celui des libéraux orthodoxes et celui des néolibéraux positivistes, le premier serait celui qui s'identifierait le mieux aux soi-disant scientifiques.

Une fois cette dictinction faite, le positivisme néolibéral peut être considéré principalement comme une idéologie démocratisante, principalement basée sur l'éducation, qui est au centre des travaux de Justo Sierra et Gabino Barreda.

Positivisme et projet éducatif pour la nation mexicaine

Dans la culture populaire, la chanson de Gabino Barrera "celui qui ne comprenait pas les raisons et était ivre" a fait oublier Don Gabino Barreda, avec "d", qui est qui a introduit le positivisme au Mexique, une doctrine qu'il a rencontrée lorsqu'il étudiait la médecine à Paris, entre les années 1847 et 1851.

Gabino Barreda avait commencé des études de droit en Mexique, mais sa passion pour les sciences naturelles l'a amené d'abord à étudier la chimie puis à s'inscrire à l'École de médecine en France, le pays où il se trouvait lors de l'invasion des États-Unis et où il a assimilé l'idéologie du créateur du positivisme, Augusto Comté.

De retour au Mexique, médecin et professeur, impuissant et sans s'engager dans les guerres de Réforme et d'Intervention. Il est sans doute convaincu à la fois de l'inutilité et de la nécessité de ces luttes, et de la primauté de l'action culturelle. Il le manifestera plus tard : << Les opinions des hommes sont et seront le motif de toutes leurs actions. Ce médium (la Réforme Pédagogique) est certes lent, mais qu'importe, si l'on est sûr de son importance ? >> C'est écrit dans une lettre adressée à Mariano Riva Palacio datée d'octobre 1870.

Avant que Benito Juárez n'assume la présidence, l'éducation publique était basée sur le spiritisme. Sa transformation était un défi majeur si l'on considère un pays dévasté par la guerre et avec trois siècles de colonialisme basé avant tout sur l'imposition de la foi catholique.

Il est à noter que le ministère de la Justice et le ministère de l'Éducation incombaient à la même personne, Juárez a nommé Antonio Martínez de Castro dans ce secrétariat, qui a créé une commission pour la réforme de l'éducation, dirigée par Gabino Barreda.

De là découlent les lois organiques de l'instruction publique du 2 décembre 1867 et du 15 mai 1869.

Pour Gabino Bareda, la morale est inoculée par l'éducation aux sciences utiles, par opposition aux sciences spéculatives, comme la religion.

Ongle Remarque dans la Wikipedia (https://es.wikipedia.org/wiki/Positivismo_en_México) dit que lorsque Gabino Barreda a prononcé un discours à Guanajuato en 1867, Benito Juárez était dans le public. L'année suivante, déjà président, il décrète la création de l'École nationale préparatoire et nomme Barreda son premier directeur.

Gabino Barreda considérait le clergé et l'armée comme des représentants des forces négatives. Cela aurait pu influencer l'humeur de Juárez qui ne semblait pas magnanime avec le colonel Porfirio Díaz, malgré ses services pendant l'empire Maximilien.

Le positivisme mexicain, avant d'être une idéologie d'une faction politique du Porfiriato, est celui de la génération étudiante de la « République restaurée ». Ses membres sont unis par des relations personnelles régulières et souvent par l'amitié. Avant même d'être une idéologie, avec tout ce que le mot implique de réflexion et de cohérence, le positivisme correspond au changement de sensibilité des libéraux vainqueurs.

Le positivisme se concentre sur l'éducation et sa part libérale de lâcher-prise, de lâcher-prise, ne met aucun obstacle à l'arrivée du régime de Porfirio Díaz. Justo Sierra et ses amis sont restés à l'écart de la politique de novembre 1876 à janvier 1878.

Ce n'est qu'après 14 mois d'activité forcée que Sierra et Porfirio Díaz ont conclu un accord : Díaz a apporté son soutien financier à la publication d'un journal, La Libertad, dans lequel les positivistes conservaient une entière liberté pour présenter leurs idées, même s'ils critiquaient Le président.

Du positivisme au scientisme

Dès la fin du Moyen Âge et l'avènement de la Renaissance, les sages accroissent leur influence en tant qu'éducateurs des princes. Pendant le porfirianisme, les positivistes ont également essayé d'exercer leur influence sur le chef de l'État pour l'éduquer sur ce que devrait être selon lui une bonne République.

En théorie, la liberté devrait être le chemin vers la paix et la prospérité ; mais pour les positivistes mexicains, les récentes expériences de guerre ont changé l'ordre des priorités : imposer la paix et ensuite permettre la liberté, (ou comme le sera la ligne du Parti d'action nationale pendant de nombreuses années plus tard, créer de la richesse et ensuite la distribuer, même si cela n'a jamais été le cas). savoir quand suffisamment de richesses auraient été accumulées pour qu'il soit temps de les distribuer)

Xavier Guerra situe pour la troisième réélection de Porfirio Díaz le passage des libéraux positivistes aux libéraux scientifiques.

Au cours des deux premières décennies de Porfirio Diaz au-dessus de la "la liberté" est placée "l'ordre" de réaliser des progrès.

Le Parti de l'Union libérale, créé par José Ives Limantour en 1892, soutient Porfirio Díaz et obtient ainsi quelques secrétariats d'État, comme celui du Trésor, que Limantour dirige lui-même, de 1892 à 1911.

Les militants de ce parti furent les premiers à être appelés scientifiques. Leur cause commune était toujours la démocratie, mais avec des restrictions, suffisantes pour préserver l'ordre et empêcher l'avancée de l'anarchie. Ils espéraient que le militant qui aurait eu la chance de succéder à don Porfirio tomberait aux mains du parti « savants ».

Mais tous ne font pas passer l'ordre avant la liberté, cette même année de 1892, a déclaré Justo Sierra en tant qu'orateur à la Convention nationale du 31 avril.

> "Nous pensons que le temps est venu d'ouvrir une nouvelle ère dans la vie historique de notre parti, nous pensons que, tout comme la paix et l'ordre ont déjà été obtenus, le temps de la liberté est venu (...) nous pensons qu'il suffit la paix et le progrès matériel ayant atteint ce but, c'est à l'activité politique de consolider l'ordre (...) c'est à eux de démontrer que désormais (la paix, fondée sur l'intérêt, et sur la volonté d'un peuple , est normal et que pour cela il faut le placer sur la pierre de touche de la liberté ».

Il est notoire que pour Justo Sierra, le positivisme en tant que méthode d'histoire ne consiste pas à aborder le passé, mais plutôt le passé le plus récent, et uniquement pour que la connaissance puisse prendre effet immédiatement pour transformer son présent et son avenir.

A ce propos, Xavier Guerra affirme « La liberté politique n'est plus un objectif lointain mais, au contraire, la condition même de la paix »

Dans cette même année de 1899, Justo Sierra avait a averti que la réélection de Porfirio Díaz ne pouvait plus continuer, mais il l'a fait à nouveau en 1903.

Francisco Bulnes fait alors revivre un autre principe des positivistes, l'antimilitarisme :

La société est un organisme essentiellement civil qui exige impérativement un gouvernement civil et ne peut être assimilée ou confondue avec une caserne ou un couvent.

La force mentale, souligne une des conclusions du Congrès National Libéral de 1892, peut permettre grâce à la science d'atteindre une force physique incommensurable.

Le fait que les positivistes mexicains influencés par Comte, utilisant Gabino Barreda comme courroie de transmission, soient appelés scientifiques dépendra sûrement de l'utilisation du mot science dans ce manifeste.

La phrase de Newton appliquée à la politique n'a pas dû passer inaperçue : « Donnez-moi un pied et je remuerai la terre ».

La méthode historique des positivistes n'était pas de connaître l'histoire passée, mais de transformer l'histoire future avec l'outil de l'éducation.

Pas avec les sciences spéculatives ou avec les outils que la religion pourrait fournir, mais avec les sciences concrètes capable d'inculquer la moralité. Le positivisme comme méthode scientifique et l'histoire comme science fondamentale du positivisme.

Revue de L'éthique protestante et l'esprit du capitalisme

Le sociologue et économiste allemand Max Weber a proposé dans ce livre l'analyse de la relation entre la religion, plus précisément le protestantisme et le capitalisme. Él mismo integrante de una familia protestante y de universitarios, consideraba que una de las causas originales de la riqueza "presupuso, en parte la posesión de un capital, en parte una educación onerosa y, en la mayoría de los casos, ambas cosas a la fois".

Au début du XXe siècle, lorsque Weber écrivit son ouvrage, les villes les plus prospères économiquement étaient protestantes et elles avaient aussi en commun d'avoir adopté la religion protestante, notamment dans sa variante calviniste, depuis le XVIe siècle.

La religion était basée sur l'habitude d'éviter toute dépense inutile et en même temps de tirer le meilleur parti du moindre travail. Ceci, appliqué à l'économie, est aussi le fondement du capitalisme.

Des activités telles que l'investissement dans les marchés boursiers dont on estime que le prix augmente nécessitent peu d'effort physique, peu de travail. Ce seraient alors les habitudes religieuses qui auraient conduit au capitalisme.

La tyrannie de la religion était plus forte chez les calvinistes que chez les catholiques, obligeant les premiers à mener une vie plus parcimonieuse. Même au sein de la classe ouvrière, ceux qui portaient la religion réformiste seraient des ouvriers mieux qualifiés que ces derniers.

Ainsi les ouvriers sont majoritairement catholiques, tandis que les protestants occupent les postes d'employés administratifs ou de contremaîtres. Ce n'était certainement pas seulement leurs plus grandes capacités en tant qu'ouvriers qualifiés, mais évidemment les employeurs donnaient la préférence à ceux qui avaient la même religion.

D'autre part, plus elles s'éloignaient du mondain, certaines sectes protestantes s'enrichissaient. Certains, victimes de persécutions religieuses, ont dû s'éloigner de leur pays d'origine. L'auteur cite l'exemple des Quakers qui se sont installés en Angleterre et des Mennonites qui se sont installés aux Pays-Bas et en Allemagne. Ces derniers, soit dit en passant, ont refusé d'effectuer le service militaire, ce qui leur a donné la tranquillité d'esprit et le temps de développer l'industrie.

Le travail est devenu la fin même de la vie, pas le moyen de subsistance. D'autre part, la vie austère fait accumuler des richesses. Dans cette logique, ce serait la religion qui mènerait au mode de vie adopté par le capitalisme.

Weber cite Benjamin Franklin pour établir des maximes ce serait commun à la religion et à l'esprit du capitalisme :

> "N'oubliez pas que le temps c'est de l'argent. Celui qui pourrait gagner dix shillings par jour par son travail, et marcher la moitié du temps, ou rester assis sans rien faire dans sa chambre, bien qu'il n'attribue que six pence pour ses loisirs, ne devrait pas calculer seulement cela. En fait, c'est cinq shillings de plus que vous avez dépensés, ou plutôt gaspillés.

Après avoir donné plusieurs exemples sur l'éthique que doivent avoir ceux qui demandent un prêt et sur la façon dont ils en dépendent pour faire des affaires, Weber cite l'écrivain autrichien Ferdinand Kürnberger qui disait que les Américains étaient gouvernés par la norme : "De vaches on fait du suif et des gens, de l'argent"

La cupidité, dit Weber, a existé tout au long de l'histoire humaine, mais gagner de l'argent n'est pas en soi capitaliste, cette forme d'économie s'accompagne d'éthique. Lorsque Benjamin Franklin conseille de maintenir un bon crédit, il le fait parce que c'est le meilleur moyen de gagner plus d'argent.

« Gardez à l'esprit que, selon le dicton, un bon payeur possède la bourse de tout le monde. Celui qui est reconnu comme payeur ponctuel dans le délai convenu pourra toujours disposer de l'argent dont ses amis n'ont pas besoin.

« Cela peut être très bénéfique. Outre l'assiduité et la modération, il n'y a rien qui contribue plus au progrès d'un jeune homme que l'exactitude et la rectitude dans toutes ses affaires. Par conséquent, ne retenez jamais l'argent que vous avez emprunté ne serait-ce qu'une heure de plus que prévu afin que la colère de votre ami ne ferme pas son sac pour toujours.

Dans une autre partie de son livre, Weber cite que dans l'agro-industrie, en raison de facteurs à la fois climatiques et de marché, il était parfois nécessaire d'accélérer la production et pour cette raison

Les patrons ont proposé de payer plus pour le travail à la pièce, mais cela n'a pas fonctionné car les agriculteurs ont calculé de combien ils avaient besoin pour vivre et n'étaient pas enthousiasmés par le surplus qui leur était offert.

Or, l'idée qu'il est plus productif de payer peu pour que les ouvriers travaillent plus, ne sert pas non plus le développement du capitalisme, dit Weber, car même s'il y a une « armée de réserve » trop nombreuse, les capacités physiques des gens sont limitées, donc que la surexploitation les conduira à être une "sélection d'inutiles"

À l'heure actuelle, le fermier silésien, faisant de son mieux, ne parvient à faucher qu'un peu plus des deux tiers du champ que le fermier mieux payé et mieux nourri de Poméranie ou du Mecklembourg fauche en même temps. Plus l'agriculteur polonais est situé à l'est, plus il produit physiquement de moins en moins par rapport à l'allemand. Et aussi du point de vue purement commercial, la faible rémunération échoue en tant que pilier du développement capitaliste dans tous les cas où il s'agit de produits dont la fabrication nécessite un certain travail qualifié (avec apprentissage), ou bien nécessite l'attention de moyens coûteux et coûteux. des machines coûteuses, délicates ou, en bref, une forte dose d'attention et d'initiative constantes sont nécessaires. Dans ces cas, une faible rémunération n'est pas rentable et finit par produire des résultats contraires à ceux attendus.

Le dévouement à la profession ne dépend pas de salaires bas ou élevés, mais de la formation des travailleurs. Le problème est le plus clairement visible, dit Weber, les femmes étant plus réticentes à développer des méthodes de travail innovantes en s'en tenant davantage aux traditions.

Cependant, ne considérant que les femmes, il assure que, parmi les Allemands, ceux qui sortent des écoles religieuses sont plus productifs.

Plus tard, il souligne que toutes les fortunes que font les capitalistes ne proviennent pas de la vieille richesse et qu'au contraire, il y a beaucoup de parvenus.

Certains hommes d'affaires ont décidé qu'au lieu de faire face à la concurrence des villes, il était avantageux d'aller à la campagne et de convertir la force paysanne en force de travail.

Et de la même manière, ceux qui produisirent ce changement superficiellement modeste, mais tout de même décisif pour l'imprégnation de la vie économique de ce nouvel esprit, n'étaient pas des spéculateurs téméraires et sans scrupules, ni des aventuriers économiques comme ceux que l'on trouve à toutes les périodes de l'histoire économique, non pas simplement des « gros sous », mais des hommes qui ont grandi à la dure école de la vie, pesant et audacieux en même temps ; mais, surtout, ils étaient des hommes sobres et stables, intensément et complètement dévoués à leur tâche avec des conceptions et des "principes" bourgeois stricts.

Bien que déjà à l'époque de Weber de nombreux hommes d'affaires n'étaient pas seulement non religieux, mais qu'ils étaient même franchement anti-ecclésiastiques, ils étaient imprégnés de cette tradition dans laquelle le travail leur était rendu indispensable pour vivre et, même s'ils avaient de l'argent, même en excès, ils ont continué à travailler de manière quasi automatisée, donc irrationnelle.

C'était aussi le cas qu'une fois couronnés de succès et avec des enfants dans les universités fréquentées par les familles ancestrales, de nombreux hommes d'affaires travaillaient de telle manière qu'ils avaient tendance à oublier l'humilité de leur origine familiale, qui les faisait apparaître comme des parvenus.

Le succès capitaliste consistait alors non pas à être le meilleur dans son métier, mais dans le métier de gagner de l'argent.

Il est intéressant de noter, comme le fait Weber, qu'à l'époque précapitaliste, de nombreuses personnes donnaient leur argent à l'église ou aux institutions religieuses, en compensation « pour une usure injustement obtenue ».

Ceci est différent de ce qui s'est passé dans les pays puritains où les établissements d'enseignement, les musées et les universités ont été financés, et le sont toujours, par le capital hérité par les grands capitalistes industriels.

Il suffit de lire la description de Franklin de ses efforts au service de l'amélioration communautaire à Philadelphie, par exemple, pour se rendre compte à quel point cette vérité évidente est évidente. Et la joie, et la fierté, d'avoir « donné du travail » à d'innombrables personnes ; avoir participé à l'"épanouissement" économique de la ville natale — au sens populaire et comptable que le capitalisme donne à ce mot — tout cela, bien sûr, appartient à cette joie de vivre spécifique et sans doute "idéaliste" typique de l'entrepreneuriat moderne.

Violence, accumulation originelle de
Richesse du sol et du sous-sol au Mexique

L'Accumulation de Richesse originelle telle qu'expliquée par Karl Marx est basée sur deux points principaux, dans la dépossession par la violence des moyens de production et dans la création des conditions pour s'emparer de la force de travail des autres, par la coercition et l'accaparement afin qu'il y ait pas d'alternative.

Le sujet est traité par Marx dans les chapitres 23, 24 de son ouvrage El Capital et dans cet ouvrage nous entendons démontrer que les mêmes conditions, ou du moins très similaires à celles décrites par l'économiste, continuent à se reproduire au Mexique avec le la science et la patience de l'État. Le chapitre 25 s'ajuste également à cette analyse puisqu'il traite de la colonisation comme mode de cette accumulation de capital.

Si en ce moment la Constitution mexicaine
établi que la propriété du sol et du sous-sol est la propriété du crime organisé, il ne serait pas plus éloigné de la vérité que de dire, comme il le dit, qu'il est la propriété de la Nation.

La propriété des terres et des eaux comprises dans les limites du territoire national correspond originairement à la Nation, qui en a eu et a le droit d'en transférer la propriété à des particuliers, constituant une propriété privée.

Il n'y a pas de données publiques qui nous permettent de savoir quels sont les bénéfices produits par l'exploitation de l'or, de l'argent et d'autres métaux précieux trouvés dans la terre

Mexique, au contraire, il y a des indications que les conditions de vie de la population qui habite les villes minières de la République sont aussi déplorables ou plus déplorables que dans la colonie, avec la circonstance aggravante qu'au 21e siècle les individus à qui Ils ont ont cédé le contrôle de la terre et de l'eau ou ils paient des cotisations au crime organisé ou ils finissent par le leur céder afin qu'ils puissent l'exploiter eux-mêmes lorsque les bénéfices ne répondent pas à leurs demandes.

Au début du chapitre 24, où Marx étudie le problème de l'accumulation originelle des richesses, il écrit que de même qu'il y a le mythe d'Ève trompée par le serpent, il en est un autre qui attribue les privilèges de la richesse à la ténacité d'une élite et la pauvreté à la paresse des autres.

Mais avant, au chapitre 23, il mentionne que la pauvreté c'est une nécessité pour stimuler le travail des masses :

Ceux qui gagnent leur vie par leur travail quotidien. La seule chose qui puisse rendre un ouvrier diligent, c'est un salaire modéré : s'il était trop petit, il le découragerait, ou, selon son tempérament, le désespérerait ; s'il était trop grand, il deviendrait insolent et paresseux... De ce que nous avons dit jusqu'ici, il résulte que dans une nation libre, où les esclaves ne sont pas permis, la richesse la plus sûre consiste dans une multitude de pauvres industrieux.

L'absence d'informations sur les ressources minérales dont dispose le Mexique pourrait être justifiée par ce que dit Marx :

Pour rendre la société heureuse » (qui, naturellement, est composée de non-travailleurs) « et plaire au peuple même dans sa situation misérable, il faut que la grande majorité continue à être aussi ignorante qu'elle est pauvre.

Main-d'œuvre propre et excédentaire

Dans le Premier tome du Mexique, de l'Ancien Régime à la Révolution, François Xavier Guerra raconte qu'une seule communauté indigène a pu prêter au vice-roi 100 000 ducats sur sa caisse communautaire.

Le vice-roi Revillagigedo estimait à la fin du XVIIIe siècle que le revenu annuel total des "fonds communautaires" de la Nouvelle-Espagne s'élevait à un demi-million de pesos.

Avant Juárez, la propriété communale, selon ces données, prévalait sur la propriété privée et les livres comptables des conseils municipaux montraient qu'il y avait une autonomie pour décider comment l'argent était dépensé, mettant en évidence les éléments des fêtes laïques, des fêtes religieuses et du paiement des enseignants. et les médecins des communautés rurales.

L'ouvrage de Marx, relativement contemporain de ces événements, établit qu'à l'époque précapitaliste, les paysans européens avaient la possibilité de s'occuper de leurs propres cultures sur des parcelles de quatre acres, soit l'équivalent de 16 000 mètres carrés.

Mais ceux-ci aussi étaient en fait, en même temps, des paysans travaillant pour eux-mêmes, car en plus de [897] leur salaire, on leur attribuait des terres agricoles de quatre arpents [q] et plus, ainsi que des chaumières. Ils jouissaient également, au même titre que les paysans eux-mêmes, de l'usufruit des terres communales, sur lesquelles ils faisaient paître leur bétail et qui leur fournissaient également du combustible : bois de chauffage, tourbe, etc.

Reprenant l'exemple de la Nouvelle-Espagne, pour le comparer à l'économie européenne :

Le visitador Gálvez a commencé en 1767 , le grand cycle de réformes, dont la plus importante, dans le domaine qui nous intéresse ici, sera la création du Comptable Général de la Commission des Impôts Propres et des Biens Communautaires de tous
Villes, villages et lieux du royaume de la Nouvelle-Espagne

Xavier Guerra n'omet pas dans son analyse de dire que ces mesures avaient pour but de renforcer l'Etat et d'accroître sa richesse par les impôts qui étaient réclamés aux communes, mais après tout ce seraient des ressources pour l'Etat, ce qui n'arrive pas dans le 21e siècle, lorsque nous ignorons combien les mines produisent et quels avantages elles apportent aux communautés.

D'autant plus que l'on pense que les blocs de minéraux sont entièrement exportés à l'étranger, sans que les avantages, entendus comme le poids net des minéraux précieux extraits des blocs, soient fabriqués au Mexique.

Le problème ne concerne pas seulement les minéraux précieux, mais avec d'autres métaux comme le cuivre.

Des hommes d'affaires miniers, mexicains et étrangers, petits ou représentants de grandes transnationales sont harcelés par le crime organisé pour leur rendre hommage car l'État mexicain n'est pas capable de leur assurer la protection qui évite les représailles. Le maillon le plus faible sont les mineurs qui ne reçoivent pas de rémunération proportionnelle à la valeur de leur travail, ni s'ils en bénéficiaient, ils pourraient en profiter car ils seraient l'objet de violences.

Dans les régions de Montaña et Costa Chica de Guerrero, il existe des gisements qui pourraient être exploités avec une bonne coordination entre les autorités et les résidents, mais au contraire, il existe un climat de polarisation dû à la crainte que, comme cela se produit dans d'autres parties du pays, le les avantages pour quelques privatisateurs et les effets secondaires négatifs pour le reste de la population.

Les tentatives de démantèlement des forces de police communautaires, comme ce fut le cas avec l'incarcération de Nestora Salgado en août 2013, sont attribuées par les sociologues à la facilitation du transfert de ces ressources naturelles à des entreprises privées.

Aurora Harrison / Envoyée, Tlapa de Comonfort,- Le coordinateur du domaine éducatif du Centre des droits de l'homme de La Montaña Tlachinollan, Roberto Gamboa Vázquez a signalé qu'il existe 42 gisements miniers dans l'État, qui sont destinés à être exploités par des étrangers entreprises, qui ont obtenu des concessions par le gouvernement fédéral, sans tenir compte des ejidatarios de ces terres.

Lors de la conférence Entre la négociation des droits collectifs et la résistance des peuples pour la défense du territoire, donnée lors du Forum pour la défense du territoire, il a annoncé que neuf noyaux ejido rejetaient les mines, parmi lesquels dont il a mentionné la communauté de Totomistlahuaca, où les membres de la communauté se sont unis pour défendre leur territoire.

« Il y a 42 dépôts enregistrés, 200 000 hectares en concession, les principales concessions sont celles de La Diana, elle a 15 000 hectares et la société s'appelle Casmin, elle affecte les communautés de Paraje de Montero, Citlaltepec, Ilialtenco et Maninaltepec ; puis il y a une autre société qui a trois concessions appelée Corazón de las Tinieblas », a déclaré Roberto Gamboa.

Il a expliqué qu'une bonne partie de la montagne est pleine de mines et si des hommes d'affaires étrangers sont venus l'exproprier, c'est parce que le gouvernement a enlevé des droits lors de la réforme de l'article 27 de la Constitution, où les droits à la terre sont, parce que maintenant ils peuvent louer, et avant les entreprises étrangères ne pouvaient pas entrer, mais maintenant elles le peuvent.

Devant divers ejidatarios et étudiants, il a assuré que les veines et concessions minières de La Montaña et de la Costa Chica avaient été confiées à quatre entreprises de Zapotitlán, Corazón de Tinieblas, La Diana et Goliath qui mènent des enquêtes dans plusieurs communautés.

Les causes de l'arrestation de Nestora Salgado, depuis plus de 3 ans n'ont jamais été clarifiées, dans une interview réalisée en prison par Gloria Muñoz, publiée dans le magazine électronique Des Informémonos révélé

« Nous ne sautons pas les barres. Nous

nous avons tenu compte du gouvernement et nous voulions marcher main dans la main avec lui. Ce n'était pas un combat contre le gouvernement, mais contre les gens qui nous faisaient du mal, qui maintenant je vois qu'ils sont les mêmes, qu'il n'y a pas de ligne de démarcation."

Un rapport publié le 8 novembre 1999 dans le supplément La Hojarasca de La Jornada estimait les réserves de minéraux métalliques dans la région de La Montaña de Guerrero à 80 500 tonnes.

Le gouvernement de Guerrero laisse entendre que l'exploitation des richesses minérales de La Montaña mettra enfin fin à l'extrême pauvreté des communautés indigènes et paysannes. Il garantit qu'il générera des emplois avec les droits du travail, le développement social, n'affectera pas l'environnement écologique et empêchera la migration. Cependant, on sait que dans la société minière Nukay à Guerrero, les travailleurs sont obligés de travailler sans les mesures de sécurité minimales, ils n'ont pas de sécurité sociale, de salle à manger ou de salles de bain, et ils nuisent profondément à leur santé avec l'utilisation de substances nécessaires pour le bénéficiaire. . Les décharges de la même entreprise atteignent les eaux de la rivière Balsas et la contaminent, provoquant des maladies de peau chez les habitants. Il est bien riverain connu que le sévère fonctionnement de la plupart des projets miniers se caractérise par des processus générateurs d'expulsion de la population indigène. Les communautés indigènes et paysannes de La Montaña feront-elles exception ?

Actuellement, il existe des fermes à exploitation mineure à Atlixtac, Tlapa, Zapotitlán, Acatepec, Olinalá et Huamuxtitlán, d'où sont extraits le plomb, l'argent et le zinc. À Cualac et Xochihuehuetlán, des réserves de charbon ont été détectées. À Ixcateopan, il y a une extraction de quartz et d'améthyste, et il y a une usine de réduction du plomb et de l'argent dans la municipalité mixtèque de Malinaltepec. Les communautés qui vivent dans les municipalités minières opposent une grande résistance à la réalisation de projets de plus grande envergure, car elles subissent depuis des années l'intrusion de « personnels que l'on dit d'entreprises ou d'organismes gouvernementaux qui viennent dans les collectivités, font des travaux d'exploration, trouvent le métal et l'emportent. Ils ne respectent pas les terres communales et détruisent leurs récoltes, leur seul moyen de subsistance. C'est pourquoi ils ne leur font pas confiance.

Eh bien non, la poule aux œufs d'or n'est pas morte, mais les formes d'accumulation de richesse par la violence et la pauvreté forcée non plus.
Revenir aux formes de production coopérative qui ont précédé le capitalisme industriel pourrait être la réponse, mais pour cela il faudrait un gouvernement avec un projet social qui n'existe pas au Mexique, ni un projet politique alternatif qui le remplacerait par de meilleurs arguments que le disparition de la mafia du pouvoir.

Accumulation de richesses, Marx et
Violence électorale

L'accumulation de richesses est associée à l'expropriation de la main-d'œuvre et à la violence, comme l'explique Karl Marx dans les chapitres XXIV et XXV du Capital.
Dans cet essai nous tenterons de démontrer que cette hypothèse s'est concrétisée lors des élections du 4 juin 2017 dans l'État de Mexico par la coercition, la menace de perte d'emplois, notamment aux commerçants et concessionnaires de transport, et la violence économique et physique.

Deux caricatures publiées le même jour après les élections, dans deux journaux à diffusion nationale, aux tendances même opposées, reprennent au moins deux éléments substantiels.

Dans une décharge à ciel ouvert, il y a un raton laveur et des têtes de cochon, de même dans l'autre carton il y a aussi un raton laveur et une tête de cochon qui auraient été volés dans une urne électorale.

Le symbole des têtes sanglantes de cedo a une origine commune, la nouvelle que plusieurs d'entre elles ont été laissées devant les bureaux du Mouvement de régénération nationale à Tlalnepantla, État de Mexico.

Les ratons laveurs sont le symbole d'une ancienne pratique électorale au Mexique et symbolisent, en raison du masque apparent que ces animaux portent sur leurs yeux, des criminels électoral, chargé de transporter les électeurs, de les forcer à voter pour le PRI, et de photographier le bulletin de vote, pour recevoir ultérieurement un paiement en espèces en plus de la promesse de gérer les actes d'une propriété située sur un terrain illégal ou la conservation de leur activité sur les marchés publics ; ou la promesse qu'ils ne seront pas harcelés s'ils continuent d'opérer sur la voie publique, même si cela ne les dispense finalement pas de payer des inspecteurs.

Marx parle de la privatisation des moyens de production. Dans ce cas, la PRIvatisation de la puissance publique est accomplie, qui est concentrée dans un seul parti, à savoir celui avec les trois lettres majuscules qui sont les initiales de son nom : Parti Révolutionnaire Institutionnel.

L'origine de la violence, selon Marx, se trouve dans l'expulsion de nombreux ruraux qui, dépouillés de leurs moyens de production paysanne, doivent fuir vers les villes.

Ce que Marx appliquait à l'Europe dans la seconde moitié du XIXe siècle a continué à être pleinement valable au Mexique dans le dernier quart du XXe siècle et même au début du XXIe, lorsque des dizaines de milliers de personnes, notamment d'Oaxaca, sont venues s'installer dans les municipalités métropolitaines de Mexico pour y être employés comme manœuvres ou ouvriers.

Leurs cabanes en bois ont été installées à terre vendus par des promoteurs frauduleux qui offraient tous les services, sans que cela soit vrai, ou dans d'autres cas ils se sont simplement installés sur le lit asséché d'anciens lacs ou en bordure de canaux d'égouts, comme c'est le cas dans une bonne partie de Chimalhuacán.

Dans la théorie marxiste, les gens n'avaient rien d'autre à vendre que leur propre peuple, dans la pratique du PRI, ce qui est acheté, ce sont les noms de ces personnes ainsi que les clés de leurs références électorales.

La richesse de quelques-uns, dit Marx, au chapitre XXIV du Capital "augmente continuellement même si ses possesseurs ont cessé de travailler depuis longtemps", la même chose peut être appliquée à la caste PRIvina, comme on peut parodier la caste divine d'Atlacomulco qui, depuis plusieurs générations, comme toute monarchie, s'est enrichie de l'usufruit du pouvoir dans l'État de Mexico.

Marx parle d'un mythe dominant qui consiste à considérer que l'élite dirigeante est composée de gens travailleurs et talentueux, tandis que les autres sont paresseux. Cela pourrait coïncider si l'on attribuait la victoire d'un parti uniquement à la majorité des voix et la désorganisation des autres et leur incapacité à organiser des alliances et des accords avec la société l'échec des autres.

Ceci, qui reste vrai, n'explique pas tout.

Officiellement, le coût des quatre élections tenues au Mexique en 2017 s'est élevé à 4 020 millions de pesos. De nombreux médias ont documenté avant et le 4 juin les réunions tenues dans les bureaux du PRI où des fonds ont été collectés pour acheter des électeurs. Son expression la plus tragique a été l'assaut contre les bureaux du Parti à Ciudad Nezahualcóyotl qui a entraîné le meurtre de cinq personnes, dont plusieurs policiers, comme l'a rapporté le

Média mexicain dans ses éditions du 5 au 7 mai 2017.

En supposant que le paiement pour chaque vote induit atteignait en moyenne 10 000 pesos, selon des estimations très conservatrices, et que les 300 000 votes de différence qui donnaient l'avantage au PRI auraient coûté 10 000 pesos chacun, leur "investissement" aurait atteint 3 milliards de pesos , exagéré ? Où cette grosse somme aurait-elle été obtenue ? Une partie possible des dépenses sociales. La réduction proposée des dépenses publiques en 2017 a atteint 239 mille 700 millions de pesos.

Plus de Marx et plus de leçons de l'élection

L'accumulation originelle de richesses, selon Marx, est associée à la violence, à la piraterie et au vol... tout comme les élections dans l'État de Mexico, à en juger par l'enlèvement du représentant de Morena à Atlacomulco, l'accumulation de têtes de porc et de croix à les bureaux du même parti à Tlalnepantla et les milliers d'appels pour que les présidents désignés ne se présentent pas aux urnes, afin qu'ils soient remplacés par les premiers citoyens alignés pour voter, commodément placés par le PRI.

Dans la première section du chapitre XXIV du Capital, intitulée Le secret de l'accumulation originelle, Marx établit :

Les travailleurs libres au double sens qu'ils ne figurent pas directement parmi les moyens de production, comme les esclaves, serfs, etc., ni n'ont leurs propres moyens de production comme le fermier qui travaille sa propre terre, etc.; libre et déshérité. Avec cette polarisation du marché des marchandises, les conditions fondamentales de la production capitaliste sont données.

Nous espérons ne pas tomber dans les excès du sophisme si nous comparons ces travailleurs libres aux concessionnaires de locaux dans les marchés publics qui constituent une partie importante du vote PRI du soi-disant Secteur Populaire.

La pratique consistant à fournir des locaux commerciaux dans les marchés publics à des supporters fidèles n'est pas exclusive au PRI. Cela a été tout aussi courant, par exemple, dans l'administration de Dolores Padierna dans la délégation de Cuauhtémoc à Mexico, mais c'est une caractéristique de la cooptation des voix.

Les locataires sont en quelque sorte des travailleurs libres et même des entrepreneurs libres si l'on considère qu'ils décident à qui ils achètent la marchandise et quelle est leur marge bénéficiaire, mais ils ne sont pas propriétaires de leurs moyens de production si nous prenons ceux-ci comme leurs lieux de travail. Ces marchés publics continuent d'être la propriété de la municipalité et, le cas échéant, des partis politiques qui dirigent ces municipalités.

COMMENT LE TERRAIN A ÉTÉ EXPROPRIÉ POPULATION RURALE

C'est le titre de la deuxième section du chapitre destiné par Marx à l'accumulation originale et laisse également des leçons sur l'élection dans l'État de Mexico parce que c'est dans les zones rurales, et non dans les zones urbaines, que le PRI obtient ses suffrages les plus copieux, ce qui n'a pas forcément à voir avec les conditions les plus favorables à la fraude, mais plutôt avec l'abandon presque absolu des partis de opposition aux besoins des paysans.

Dans l'édition du journal officiel La Razón du lundi 12 juin 2017, la couverture principale annonce "Les indigènes se plaignent qu'à Morena ils les appellent des lézards affamés"

Et exprimer à la lettre dans les cinq premiers paragraphes

La sénatrice du Parti travailliste (PT)-banc Morena, Layda Sansores, a qualifié de "lézards et de tepocatas" ceux originaires des régions où le parti d'Andrés Manuel López Obrador a perdu dans l'État de Mexico, auxquels les législateurs du PRI et le PAN au Congrès de l'Union a soutenu les peuples indigènes qui l'ont dénoncée pour discrimination.

Mercredi dernier, la membre également de la Commission des droits de l'homme de la Chambre haute, a écrit sur son compte Twitter : "Edomex #fraudelectoral @delfinagomeza gagne dans les rassemblements et perd dans le domaine des tepocatas et des lézards avec le vote de la faim".

Cela a amené des représentants des peuples autochtones de l'État de Mexico à exiger des excuses publiques de Sansores pour ses déclarations publiées sur ses réseaux sociaux.

Martín García, considéré comme le chef suprême nahuatl de Malinalco, a rapporté avoir déposé une plainte contre le législateur devant le Conseil national de prévention de la discrimination (Conapred).

Dans une conférence, il a exigé que les commissions nationale et étatique des droits de l'homme donnent suite à cette plainte, en plus de regretter les propos "dénigrants" du sénateur et de lui reprocher son manque de respect envers les peuples autochtones.

L'argument utilisé par la sénatrice Layda Sansores dans son compte twitter était que le gouvernement utilise et exploite les paysans, car bien que le niveau de vie rural à Edomex soit inférieur à celui de l'Angola, plus de 60% ont participé et voté en faveur du PRI. , un niveau de vote similaire à celui des pays les plus développés comme la Suède.

Quelle que soit la validité de l'argument du sénateur Sansores, le fait est que les partis d'opposition de l'État de Mexico ont concentré leurs propositions sur les zones urbaines et suburbaines, mais on ne savait rien de leurs arguments en faveur de la souveraineté alimentaire, de la production paysanne ou du go, même sur la possibilité d'augmenter les écoles normales rurales, comme Lázaro Cárdenas les a promus au moment de jeter les bases du Parti
Nationale Révolutionnaire.

Bien que ce soient les libéraux urbains et les anti-réélectoraux qui aient promu la Révolution mexicaine, ce sont surtout les paysans qui l'ont rendue possible lorsqu'elle est devenue de plus en plus courante pour l'autonomie du

Les municipalités, établies dans la Constitution de 1857, étaient lettre morte pour les colons et favorables aux propriétaires terriens et propriétaires terriens.

Françoise Xavier Guerra dit que 88% de la population à l'époque de Díaz vivait dans des zones rurales. En 2017, dans l'État de Mexico, les données de l'INEGI indiquent que 22 % de la population vit dans des villes rurales et 78 % dans des zones urbaines.

Naucalpan était la seule municipalité de l'État dans laquelle le Parti d'action nationale a obtenu le plus de voix; Ciudad Nezahualcóyotl est allé au PRD dans ses trois circonscriptions électorales. Nous donnons des exemples avec les États les plus peuplés de l'État de Mexico, mais malgré tout, le simple décompte du vote rural a permis au PRI un écart en sa faveur de plusieurs centaines de milliers de votes, quelle que soit la manière dont ils les a obtenus. .

Et une grande partie de ce soutien concerne des prêts non remboursables, ce sont des prêts qui sont consentis pour la production agricole sans qu'il soit nécessaire de les rembourser.

Ces fonds du ministère de l'Agriculture sont essentiellement appliqués aux producteurs de maïs et de haricots, qui sont des aliments essentiels et de base pour l'alimentation mexicaine, mais qui augmentent également le conformisme de nombreux paysans qui reçoivent 4 pesos par kilo de maïs, sans se soucier qu'ils le fassent. ne font pas de profit car ils ne vont pas payer les ressources pour les engrais et les engrais.

Au lieu de promouvoir les coopératives agricoles pour une plus grande production et au profit du secteur paysan, le président Carlos Salinas de Gortari, issu des rangs du PRI, a donné son feu vert à la vente des ejidos, ce qui a permis à de nombreux paysans de voir ensemble la de l'argent qu'ils n'allaient pas pouvoir amasser de toute leur vie, mais qui facilitait en même temps le travail des promoteurs fonciers, qui pouvaient ainsi saturer la ceinture de pauvreté de la vallée de Mexico avec des logements précaires pour produire le l'étalement urbain le plus inhabitable de la planète, bien que cela représente jusqu'à six heures de trajet vers les centres de travail, pour des millions d'habitants de la Métropole.

Cela augmenta à son tour ce que Marx appelait dans le Chapitre XXIII du Capital, Armée de réserve industrielle :

… si l'existence d'une surpopulation ouvrière est un produit nécessaire de l'accumulation ou du développement des richesses sur une base capitaliste, cette surpopulation devient à son tour un levier de l'accumulation capitaliste, plus encore, une des conditions de vie du mode de production capitaliste . Elle constitue une armée de réserve industrielle, un contingent disponible, qui appartient au capital aussi absolument que s'il était levé et entretenu au

vos dépenses.

prolétariat lumpen

Mais plus grave encore que les dégâts causés par l'armée « de réserve » des chômeurs est celui du lumpen prolétariat ou sous-prolétariat, composé de ceux qui n'ont même pas les moyens de ni la production, ni la force de travail et donc, ni la conscience de classe.

Ce manque de tout, selon Marx, les rend plus susceptibles de soutenir la bourgeoisie, ou dans ce cas, le PRI. Bien que ce ne soit pas dans Le Capital où l'auteur caractérise le lumpen prolétariat, mais dans El 18 Brumario de Luis Bonaparte, nous avons cru opportun de le citer dans cette partie pour expliquer l'exemple qui sert de base à cet essai.

Rejetons dégénérés, aventuriers de la bourgeoisie, vagabonds, galériens, proxénètes, mendiants, tenanciers de maisons closes sont quelques-uns des membres du lumpen prolétariat, tel que le décrit Marx, susceptibles d'être soutenus par des sociétés caritatives.

Des caractéristiques similaires pourraient être attribuées aux bases de soutien du PRI, aux « ratons laveurs » ou aux lanceurs de têtes de porc dans les bureaux des partis d'opposition.

Mais la connaissance des bases sociales de son l'électorat, peu importe combien il peut être valorisé ou condamné par les approches morales, n'enlève pas la réalité de la différence des votes en faveur du PRI, votes tout faits qui ne disparaissent pas ou sont annulés dans tous les comptes possibles.

une coïncidence remarquable

Bien que le décompte parallèle publié vers neuf heures du soir à l'Institut électoral de l'État de Mexico a donné dès le début une "tendance favorable" au candidat du PRI Alfredo del Mazo, il n'en a pas été de même avec les résultats préliminaires ou PREP qui jusqu'à

12h45 a donné l'avantage à l'enseignante Delfina Gómez, du Mouvement de régénération nationale.

Mais juste à ce moment-là, le bureau du procureur général a annoncé la capture au Panama de l'ancien gouverneur du PRI, Roberto Borge, et à partir de ce moment, le PRI a tenu une avance dont il ne reviendra jamais.

L'explication est toujours la même : les premiers résultats sont toujours ceux des sièges municipaux en zone urbaine et les derniers arrivés sont ceux des zones rurales où le PRI l'emporte par habitude.

Si tel est le cas, l'annonce simultanée du Parquet général avec la modification des résultats du PREP ne saurait être attribuée à une forme de violence pour accumuler du capital politique à tout prix, mais au simple hasard.

Si c'est le cas, l'analyse de Marx de l'accumulation originelle de la richesse n'a rien à voir avec la violence associée aux résultats électoraux dans l'État de Mexico, et cet essai aura échoué.

Mais s'il nage comme un canard, vole comme un canard et a le goût d'un canard, la preuve que si A est égal à C et C est égal à B, alors B et A sont égaux, la comparaison aura fonctionné. Violence économique, violence morale, coercition, dépossession, les conditions de l'accumulation originelle des richesses décrites par Marx, seraient les mêmes dans la préservation du capital politique et économique d'un parti unique dans l'État de Mexico.

José Martí et Notre Amérique

Il y a quelque chose de symbolique dans le fait que les premières impressions du texte de l'auteur romantique José Martí, Nuestra América, n'ont pas été faites dans son Cuba natal, mais dans la nation qu'il dit devoir faire attention, en raison de son impérialisme, les États-Unis États-Unis, et dans le pays qui, pendant de nombreuses décennies, aurait été considéré comme le frère aîné de l'Amérique latine : le Mexique.

Le New York Illustrated Magazine et le Parti libéral du Mexique sont les publications qui ont fait connaître cette œuvre de Martí en janvier 1891.

Martí combine des idées politiques avec un langage poétique dans un texte qui commence par ces mots.

> Le vaniteux villageois croit que le monde entier est son village, et tant qu'il reste maire, ou que le rival qui a pris sa petite amie est mortifié, ou que ses économies grossissent dans la tirelire, il accepte déjà l'ordre universel comme bon, sans savoir sur les géants qui ont sept lieues dans leurs bottes et peuvent mettre leurs bottes dessus, ni sur les combats entre les comètes dans le ciel qui traversent les airs endormis engloutissant les mondes. Ce qui reste du village en Amérique doit se réveiller. Ces temps ne sont pas pour se coucher avec un foulard sur la tête, mais avec des armes d'oreiller, comme les hommes de Juan de Castellanos, les armes du jugement, qui vainquent les autres. Des tranchées d'idées valent plus que des tranchées de pierres.

Cette transcription suffirait presque à comprendre le sens de la lettre, mais ajoutons quelques éléments supplémentaires pour encourager le lecteur désireux de connaître le contenu original de cet ouvrage dont la valeur politique est aussi élevée que sa valeur littéraire.

Notre Amérique est une lettre pour l'unité "Les peuples qui ne se connaissent pas doivent se dépêcher pour se connaître." Elle appelle à mettre de côté les attitudes de ceux qui se traitent comme des frères jaloux et à laisser le destin continuer à agir seul, s'opposant à la marche unie, une « marche en carré serré, comme l'argent dans les racines des Andes ».

Martí fait appel à la fierté de nos racines pour chercher notre destin sans la philosophie des peuples eurocentriques
« Les hommes naturels ont vaincu les savants
artificiel. Le métis autochtone a vaincu le créole exotique.
Il n'y a pas de bataille entre la civilisation et la barbarie, mais entre la fausse érudition et la nature.

Étudier les Incas, dit Martí, est plus utile que d'étudier les Grecs. Il veut qu'en Amérique nous apprenions de la lutte pour l'indépendance du Mexique, de celle des peuples vénézuéliens et de celle des Argentins du Sud.

Martí appelle à l'étude des problèmes nationaux et à ce que ceux qui trouvent le meilleur moyen de les résoudre soient récompensés.
« Connaître, c'est résoudre. Connaître le pays et le gouverner selon le savoir est le seul moyen de le libérer des tyrannies.

Malgré ce qui allait être sa propre mort prématurée, dans Nuestra América, José Martí a proposé qu'avec la solidarité latino-américaine, on apprenne à penser pour éviter de mourir, même avec honneur.

Cinq aberrations fondamentales du capitalisme, Raúl Domínguez Martínez, coordinateur, Editorial Palabra de Clio, Mexique 2017

[ii] idem, page 34

[iii] Recueil des chroniques et mémoires des rois de Castille. Chronique de Don Alphonse Onzième, Google Livres

[iv] Stockage centralisé et commerce multi-centres en Mexique-Tenochtitlan, Rossend Rovira Morgado, sur http:// www.scielo.org.mx/scielo.php?script=sci_arttext&pid=S0 185-39292014000200007

[v] http://www.historia.palacionacional.info/visita informativa/ prehispanico/vida-cotidiana/53-la-ciudad-de-mexico-tenochtitlan.html

[vu] http://memorialdearqueologia.blogspot.mx/2016/05/el perro-prehispanico-en-america-de.html vii Ernesto de la Torre, publications numériques des lectures historiques mexicaines UNAM

http://www.historicas.unam.mx/publicaciones/publicadigital/libros/lecturas/T1/LHMT 1_012.pdf

viii Le suicide de Nenomamictitzli dans le monde préhispanique nahuatl, Patrick Johansson K, sur http://www.historicas.unam.mx/publicaciones/revistas/nahuatl/pdf/ecn47/960.pdf

ix Usages et coutumes funéraires en Nouvelle-Espagne, María de los Ángeles Rodríguez Alvarez. Colegio de Michoacán en coédition avec El Colegio Mexiquense 2001

[x] Histoire minimale de l'éducation au Mexique p. 136 Grâce Loyo, Anne Staples. Le Collège du Mexique, 2010

[xii] 500 ans du Mexique en Documents. Bibliothèque numérique sur http:// www.biblioteca.tv/artman2/publish/1893 192/Discurso de Justo Sierra sobre inamovilidad judici 87.shtml

www.ingramcontent.com/pod-product-compliance
Lightning Source LLC
LaVergne TN
LVHW012104160826
845678LV00014B/2920

* 9 7 9 8 3 6 7 3 5 5 1 9 2 *